대 화 형 인 공 지 능 을 활 용 한

정 부 지 원
사업계획서
작 성 법

대화형 인공지능을 활용한

정부지원
사업계획서
작 성 법

김상미 · 정원훈 지음

엘프린트

서문 Prologue

"대표님! 정부지원 사업계획서를 작성해주시는 컨설팅도 해 주시나요?" 이 질문에 대한 답변은 단호하게 '아니오' 입니다. 정부지원 사업계획서 컨설팅을 받은 많은 합격생들이 한결같이 하는 말은 아래와 같습니다.

"결국 사업계획서는 제가 쓰는 게 답이네요. 단, 대표님의 경험과 다양한 성공사례가 보태지면서 사업계획서가 고도화되는 거였습니다."

대화형 인공지능(ChatGPT, Bard, Bing)을 활용한 정부지원사업 사업계획서 작성법은 기획만 몇 달이 걸렸고 실제로 출판이 안 될 수도 있었던 책입니다. 그런데 최근 대화형 인공지능을 활용한 사업계획서 컨설팅들이 유행처럼 비즈니스모델이 되다 보니 이 부분에 대한 정리가 필요하다는 생각이 들었습니다. 이 책은 저의 친우인 정원훈 박사와 공저를 하게 되었습니다. 저는 국내 창업전문가로 활동하면서 정부지원사업의 심사위원, 컨설턴트로 활동했던 많은 경험과 성공사례를 바탕으로 이 부분에 대한 솔루션을 담당했습니다. 그래서 1부 정부지원 사업계획서 작성하는 방법과 합격사례를 중심으로 한 솔루션을 집필하게 되었습니다. 그리고 정원훈 박사는 전 세계를 떠들썩하게 만든 대화형 인공지능(ChatGPT, Bard, Bing)을 통해 정부지원 사업계획서를 작성하는 방법을 소개하는 2부를 집필했습니다.

대화형 인공지능(ChatGPT)은 출시 5일 만에 100만 명 이상의 사용자를 만들었습니다. 그리고 2023년 1월 사용자 수는 1억 명이 넘었고 전례 없는 성장세를 보이고 있습니다. 그러다 보니 대화형 인공지능에 대한 정확한 활용도와 검증된 결과물을 내는 성공확률이 사용자별로 편차가 크게 나타나고 있습니다. 또한 대화형 인공지능을 활용하는 범위가 업종별로 다르지만 정부지원 사업계획서 작성의 경우 빅데이터를 분석하여 시장 세분화 및 경쟁사 분석, 스캐줄링, 재무 관련 데이터 등을 만드는 것에는 효과적으로 사용될 수 있습니다. 하지만 아이템의 고도화 및 전문성이 있는 부분에 대해서는 오답률이 높은 편이기 때문에 대화형 인공지능은 학습데이터에 따른 편향성(Bias)과 할루시네이션(맥락과 관련 없거나 사실이 아닌 내용을 마치 옳은 답처럼 내놓는 현상), 그리고 윤리적인 문제가 심각하게 대두되고 있습니다. 그래서 대화형 인공지능을 사용할 때 이러한 문제를 인지하고 나에게 필요한 정보를 얻는 방법을 만들어야 합니다.

책을 집필하면서 가장 고민했던 것이 바로 대화형 인공지능이 줄 수 있는 다양한 데이터를 가지고 결국은 사람의 전문성으로 완성시키는 사업계획서를 만들어야 한다는 것이었습니다. 대화형 인공지능은 정부지원 사업계획서를 100% 작성해 줄 수 없습니다. 그래서 지금까지 합격한 다양한 정부지원 사업계획서를 중심으로 아이템별 솔루션을 담아보았습니다. 그리고 내가 전문성이 없다면 대화형 인공지능의 자연스러운 거짓 데이터를 토대로 잘못된 사업계획서를 작성할 수도 있는데, 이러한 오류를 걸러낼 수 있는 방법을 제시하고 있습니다.

정부지원 사업계획서를 준비하는 모든 분에게 자신의 전문성과 경험을 기반으로, 하루가 다르게 진화하고 있는 대화형 인공지능(ChatGPT, Bard, Bing)이 정부지원 사업계획서 작성에 도움이 되는 좋은 솔루션이 될 수 있기를 바랍니다.

엠엠컨설팅연구소 김상미 대표

어떻게 접근해야 할지 막막하기만 한 정부지원 사업계획서 작성의
어려움을 단번에 해소하는 가장 현실적인 조언과 실제적인 노하우 공개!

Contents ·················

Part 2
대화형 인공지능 ChatGPT, Bard, Bing을 활용한 사업계획서 작성 솔루션

Chapter 9 BBC와 사업계획서

Part 1

정부지원금
창업 솔루션

Chapter 1
창업 생애주기

국내 창업현황 및 창업생존율

• •

국내 창업기업의 현황을 살펴보자면 2022년 기준 창업기업의 수는 131만7,479개로 집계되었다. 전년도 대비 큰 폭으로 감소한 업종은 부동산업(111,623개)이고 부동산업종을 제외한 도소매업(73%), 농림업 및 광업(129%), 교육서비스업(43%)에서 총 11,129개가 증가하였다. (중소벤처기업부)

2022년의 경우 전체 창업 시장이 침체한 가장 큰 원인으로는 고물가, 고금리, 고환율을 꼽을 수 있다. 이로 인해 창업생태계에는 적신호가 켜졌다고 예상했으나 부동산업종을 제외한 대부분 업종은 성장한 것을 보게 된다. 이유로는 경기가 안 좋아지면서 취업경쟁이 심화되고 청년들은 장기근속할 회사를 찾는 것에 대한 어려움을 갖게 되었다. 그러다 보니 2022년 창업생태계는 창업의 숫자를 늘리는 것에는 성공적이었다고 평가할수 있지만, 창업자의 숫자가 곧 성공한 창업가를 뜻하는 것은 아니다.

창업을 계획하는 모든 사람은 반드시 성공해야 한다는 목표를 가지고 있다. 그런데 어떻게 창업을 준비해야 하는지에 대한 정보가 부족한 게 현실이다. 그리고 창업형태에 따른 개인의 투자비용은 창업 초기 1년 차 운영비용으로 온라인창업은 평균 3500만 원, 모바일창업은 9000만 원, 매장창업은 1억 원 정도의 비용이 소모된다는 조사가 나왔다. (WAVEON 23. 04. 14) 그런데 문제는 창업자금 대부분이 정부지원금을 받거나 기관투자를 받는 것이 아니라 개인 투자비율이 높다는 것이다. 그러다 보니 창업 이후 폐업으로 이어질 때 개인파산이라는 결과로 이어지게 된다. 그리고 창업 이후에 5년 차 생존율을 조사해보니 국내 창업기업의 폐업률은 66.2%이고 생존율은 평균 33.8%로 OECD 38개 회원국의 평균인 45.5%보다 11.6%가 낮았다.

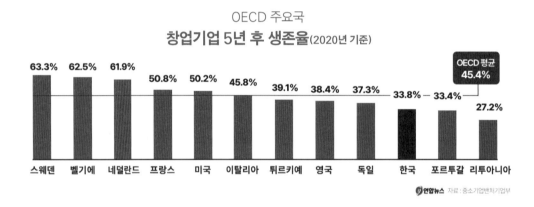

또한 국내 창업기업의 생존율을 업종별로 살펴보면 예술, 스포츠, 여가 서비스업은 22.3%였고 숙박, 음식점업도 22.8%에 불과했다. 이 데이터를 기반으로 생각해보면 5곳 중의 4곳이 5년 안에 문을 닫았다는 것이다. 사업지원서비스업(26.8%)과 도소매업(29.7%)도 20%대에 머물렀다. 이에 반해 제조업(42.8%)과 보건, 사회복지서비스업(55.4%)은 생존율이 높은 편으로 나타났다. (연합뉴스 2023. 10. 03)

여기서 우리의 고민은 창업기업의 숫자가 늘어나는 양적 성장보다는 성공하는 창업기업의 숫자를 늘리는 것이 급선무라는 것이다. 선진국에 비해 턱없이 낮은 창업생존율을 높이는 것과 개인파산으로 이어지는 폐업률을 줄이는 것이 현재 창업생태계의 가장 큰 고민일 것이다.

창업기업 연령별 생존율

구분/생존율	1년	2년	3년	4년	5년	6년	7년
전체	64.8	53.6	44.3	38.5	33.8	28.6	25.1
30세 미만	59.2	44.6	34.8	28.4	23.2	18.4	15.7
30대	65.8	53.1	43.5	37.2	32.1	27.1	24.0
40대	67.5	56.4	47.2	41.3	36.3	30.7	27.
50대	65.4	55.1	46.1	40.8	36.1	30.9	27.2
60대 이상	60.8	51.4	41.7	36.4	33.0	27.1	3.7

(출처 : 중소벤처기업부)

중소벤처기업부에서 발표한 연령대별 창업기업의 생존율을 살펴보자면 30세 미만의 창업자는 창업 2년 차부터 다른 연령대 대비 낮은 생존율을 보이고 있다. 30대의 경우도 창업 4년 이후 생존율이 낮아지는 것을 볼 때 창업 초기보다는 창업 성장 및 도약기의 지원이 필요하다는 것을 알게 된다. 그리고 창업 6년 차 이후 전 연령에서 생존율이 낮은 것을 볼 때 자영업자의 데스벨리[01]라는 것을 실감하게 된다. 개인 창업의 경우 예비 창업단계부터 정부지원금과 지원사항에 대한 정보를 충분히 수집하고 활용하는 것을 권한다.

우리나라의 경우 39세 이하 청년에게 지원하는 창업 예비트랙, 창업트랙을 비롯해서

---

01 데스벨리(Death Valley) : 기업이 아이디어, 기술사업화에는 성공했지만 이후 자금 부족으로 인해 상용화에 실패하는 상황을 이르는 말로, 국내 창업시장에서 중요하게 언급되는 단어임

3년 이하, 5년 이하, 7년 이하의 기업에게 주는 정부지원금과 지원제도가 있다. 그런데 창업자들의 경우 정보 부족으로 이런 제도를 활용하지 못하는 경우가 있다 보니 자본손실과 비즈니스 기회를 잃는 것을 보게 된다.

1장에서는 예비창업자들을 대상으로 하는 창업단계별 정부 지원사업을 소개하고자 한다. 나에게 맞는 정부 지원제도를 찾고 이후 지속적으로 지원하는 프로그램으로 연계하는 방법들을 알아보도록 하자.

창업 생애주기

창업 생애주기를 단계별로 살펴보면 기업형 창업을 시작하는 예비창업단계, 창업 3년 이내의 초기 창업단계, 사업 규모를 확장하고자 하는 창업 7년 미만의 창업도약단계, 폐업의 갈림길에 있는 경영위기단계 및 실제 사업 정리가 필요한 폐업단계, 성실한 실패를 바탕으로 우수한 아이템을 통해 재기하고자 하는 (예비) 재도전성공패키지 등이 있는데, 이것을 창업 생애주기라고 한다.

그리고 소상공인형 창업의 경우 창업 예비단계는 신사업창업사관학교를 통해 신규창업을 지원하고 창업 7년 이내 기업은 로컬크리에이터를 통해 사업화를 지원하며, 해마다 경영개선자금을 통해 점포 및 온라인마케팅 등의 경영개선을 지원한다. 또한 경영위기에 처한 소상공인을 위해 비즈니스모델의 피보팅을 통한 재창업, 취업, 폐업 등을 지원하는 희망리턴패키지를 운영하고 있다. 창업형태별로 창업 생애주기 단계마다 지원항목이 다르므로 나에게 맞는 지원사업을 찾는 것이 매우 중요하다.

창업 생애주기 단계별 정부 지원사업은 국민 모두에게 공개된 자료이다. 하지만 정부 지원사업이 있다는 것을 모르는 분들도 많고 혹여 정부 지원사업이 있는 것을 알게 되어도 나에게 맞는 정부 지원사업을 찾는 것도 쉬운 일은 아니다. 그러므로 나에게 필요한 창업 정보를 지속적으로 수집하고 정부 지원사업에 도전하면서 나만의 창업 노하우를 만들어 가는 것이 필요하다.

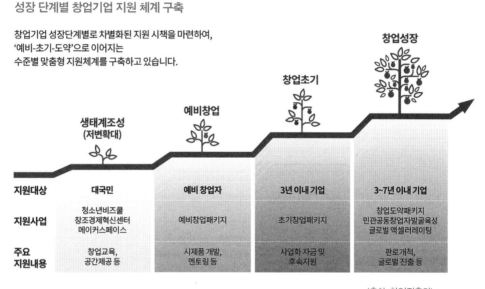

(출처: 창업진흥원)

1) 예비창업패키지, 창업중심대학

예비창업단계의 창업자에게 가장 중요한 항목은 바로 "사업계획서"이다. 나의 아이템과 서비스를 가지고 사업화하는 단계를 작성하는 시나리오에 해당한다. 사업계획서의 핵심은 바로 "고객이 왜 나의 아이템 또는 서비스를 구매해야 하는가"를 설득하는 과정이다. 아이템의 혁신성 또는 고객의 입장에서 필요도를 충분히 보여주어야 한다. 그리고 시장 내 나의 경쟁자를 분석하고 나만의 차별성을 찾아야 한다. 마지막으로 고객의 인지 동선을 만드는 광고 홍보 및 구매 동선을 만드는 프로모션을 어떻게 만들 것인가에 대한 해답지를 제공할 수 있어야 한다.

　여기까지 완성이 되었다면 나의 아이템 또는 서비스에 맞는 정부 지원사업을 선택해야 한다. 기업형 창업을 준비하는 예비창업자에게 권하는 정부 지원사업은 예비창업패키지인데 유사한 사업으로는 창업중심대학이 있다. 창업중심대학은 예비창업패키지와 유사성이 높다 보니 이 단락에서는 예비창업패키지를 중심으로 설명하도록 하자.

　예비창업패키지는 정부지원금을 최대 1억 원까지 지원하는 사업으로 2022년 이전과 2023년에 달라진 부분이 가장 많은 사업이다. 특히 자금 부분에 정부지원자금 외 투자유치 등 구체적인 계획 및 전략, 협약 기간 내 사업화 성과 창출목표(매출, 투자, 고용 등)의 항목이 신설되었다. 그렇다면 이 항목에 대한 이해도를 높이기 위한 예를 들어보도록 하자.

　예비창업패키지는 정부지원금 1억 원을 주는 방식이 2022년의 경우 7:3의 비율로 정부지원금 70%와 자기부담금 30%를 적게 했다. 그런데 2023년도 정부 지원사업은 100%를 정부가 지원한다. 하지만 여기에서 놓치지 말아야 하는 것은 정부가 100%를 지원하지만 향후 자금계획이라는 것을 작성하게 했다. 이 말은 정부지원금 이외에 들어가는 창업비용을 예비창업자의 자금투자능력과 사업에 대한 의지를 보려고 하는 것이다. 정부지원금을 1억 원 지원한다고 적혀져 있지만 사실 예비창업자가 본인의 자금(대출 포함)을 어느 정도 투자해야 사업에 대한 의지가 있다고 판단하겠다는 것이다.

　정부지원사업에 합격하기 위해서는 정부지원사업의 숨은 의도를 명확하게 파악하고 사업계획서를 작성해야 한다. 기업형 창업에 해당하는 예비창업패키지는 혁신적인 아이템/기술창업/벤처/특화 등 다양한 분야의 예비창업자를 선정한다. 그리고 창업단계별로 예비창업단계, 창업 3년 미만의 초기창업패키지와 창업 7년 미만 도약패키지를 통해 다양한 사업화를 지원하고 있다. 그런데 우리가 잘 모르는 것 중의 하나는 재창업 또는 폐업에 관한 정부 지원이 있다는 것이다. 대부분의 창업자들은 창업과 성장, 도약만을 창업 생애주기라고 생각할 수 있다. 그런데 정부는 경영위기의 사업자, 폐업 이후 재창업까지도 면밀하게 지원하고 있다. 그러다 보니 기업형 창업을 준비하거나 운영 중인 사업자라면 정부에서 지원하는 자금을 비롯한 다양한 비즈니스 기회를 놓치지 않기를 바란다.

2) 신사업창업사관학교, 로컬크리에이터, 희망리턴패키지

소상공인형 창업의 경우 예비창업단계 지원사업은 신사업창업사관학교의 아이템에 대한 구체화 및 사업화 단계가 있다. 그리고 로컬크이에이터 예비트랙을 통해서 창업할 수 있다. 지원자금은 아이템 구체화단계 500만 원, 사업화 자금은 최대 4천만 원, 로컬크리에이터 예비트랙은 3천만 원을 지원한다. 로컬크리에이터 예비창업단계지원금은 지역별로 상이하기 때문에 창업할 지역의 지원금을 찾아보기를 바란다.

소상공인형 창업의 경우 예비단계의 창업을 지원하고 이후 경영개선자금을 300만 원 지원받을 수 있다. 경영개선자금은 홈페이지 개설, 스마트스토어 개설 및 상세페이지 제작, 간판(불법 간판제외), 상품전시 재배열, 진열대, 판매대, 점포 인테리어 등의 자금으로 사용할 수 있다. 그러다 보니 이 자금이 있다는 것을 아는 소상공인의 경우 매장활성화 전략, O2O 마케팅 등의 다양한 비즈니스 확장이 가능하다.

또한 창업 7년 차 미만의 사업자는 로컬크리에이터를 통해 최대 4천만 원을 지원받을 수 있다. 로컬크리에이터는 말 그대로 지역을 기반으로 지역사회의 경제 활성화를 목표로 소상공인형 창업의 성공적인 모델을 만들어주는 지원제도이다. 지역 내 7가지 영역으로 사업화가 가능한 업체를 선발하여 지원하고 이후 3개사가 모여서 지원을 받는 로컬크리에이터 협업 과정까지 연계할 수 있다. 소상공인형 창업 같은 경우는 중앙정부와 지자체 등에 다양한 정부지원사업이 있다 보니 창업자의 정보수집능력에 따라 다양한 혜택을 받을 수 있다.

　마지막으로 사업을 하다가 폐업하는 경우 희망리턴패키지를 통해 다양한 솔루션을 만들 수 있게 된다. 첫 번째는 폐업인데 폐업의 경우도 정부지원금을 받고 전문가를 통해 폐업절차를 진행할 수 있다. 그리고 취업을 위한 전문적인 교육의 혜택을 받을 수도 있고 마지막은 비즈니스모델의 피보팅을 통해 경영개선을 할 수 있다. 피보팅을 통한 재창업의 경우 정부지원금을 최대 4천만 원 받을 수 있는데 이는 자기부담금이 포함된 금액이다. 그리고 전문가를 통해 피보팅하는 비즈니스모델에 대한 성공적인 결과를 함께 만들 수 있도록 컨설팅을 받을 수 있다.

기업형 창업

• •

　기업형 예비창업자의 경우 정부 지원사업 중에 예비창업단계에서 최대 1억 원까지 지원받을 수 사업은 창업진흥원에서 운영하는 예비창업패키지, 창업중심대학:예비과정이 있다. 정부에서 지원하는 예비창업단계 사업으로 자금은 최대 1억 원(2022년 기준 평균 5,100만 원 지원)을 지원하고 창업교육 및 전담 멘토를 통해 예비창업자들이 창업할 수 있도록 지원하는 제도이다. 올해(2023년)의 경우 혁신 기술창업 아이디어를 보유한 예비창업자의 창업을 지원하고 양질의 일자리를 창출하는 것을 목표로 출발한 예비창업패키지는 총 992명 내외 일반(792명), 특화 분야(200명)를 선정했다. 선정절차 및 평가방법은 선정 규모의 2배수 서류합격 이후 발표평가를 통해 최종합격자를 선발했다. 예비창업패키지에 선발된 합격생들은 사업화 자금:시제품제작, 마케팅, 지식재산권 출원·등록비용, 창업프로그램:BM 고도화, MVP 제작, 전담·전문멘토링:경영기술자문 멘토링을 지원받게 된다. 협약 기간은 총 8개월로 5월에 선정되면 주관기관과 협약을 맺고 당해연도 12

월에 사업은 마무리가 된다. 그리고 창업 3년 이내 기업의 경우 정부 지원사업은 초기창업패키지, 창업중심대학:초기창업패키지, 청년창업사관학교가 있다. 창업진흥원에서 운영하는 초기창업패키지와 창업중심대학의 가장 큰 차이는 바로 주관기관이다. 창업중심대학의 경우 전국의 9개 특화된 대학을 통해 창업자의 기술창업 아이템, 비즈니스모델에 맞는 대학에서 사업화를 지원하는 모델이다. 초기창업패키지는 총 595개사, 창업중심대학은 219개사를 선정했다. 지원금은 최대 1억 원에서 7천만 원을 지원하고 수요자 맞춤형 프로그램을 지원한다.

또 다른 초기창업패키지로는 중소벤처기업 진흥공단에서 운영하는 청년창업사관학교가 있는데 이 사업의 특징은 바로 나이의 제한이다. 즉, 39세 이하인 자로 창업 3년 이내 기업의 대표자를 대상으로 선발하며 올해 915팀을 선발했다. 총 사업지원금은 1억 원(정부지원금 70%)을 지원하고 사업화 진도관리 및 단계별 집중교육을 철저히 운영하면 사관학교 졸업 후 5년간 연계지원을 한다. 마지막으로 창업도약단계의 정부 지원사업은 창업 후 3년 이상 7년 미만의 창업기업의 데스밸리 극복과 성장 및 도약을 지원하는 창업패키지:창업도약패키지, 창업중심대학:도약패키지가 있다. 두 사업의 특징은 거의 유사하다고 볼 수 있는데 가장 큰 차이점은 선발대상이다. 창업중심대학의 도약패키지는 전체 권역 내 도약기 창업기업을 전체의 60%를 선발하는데 그 안에 대학별 도약기 창업기업을 50% 즉, 60% 중 30%를 선발한다는 점이다. 즉, 공고일 기준 권역 내 소재 대학교의 대학(원)생 및 교원이 대표이며 사업장의 소재지가 사업신청 당시 해당 지역의 도약기 창업기업이면 신청할 수 있다. 도약패키지의 전체 모집기업 수는 창업패키지 도약기업은 총 394개사(일반과제 294개사, 협업과제 100개사)이며, 창업중심대학:도약패키지의 경우는 총 177개 내외를 선발했고 6개 권역별 창업중심대학을 기준으로 선발했다. 지원내용은 도약패키지의 경우 사업화 자금 최대 3억(평균 1.2억)과 창업프로그램 및 대기업

협업프로그램 등이 지원된다. 창업 중심대학의 경우 사업화 자금은 도약패키지와 동일하다. 단 창업중심대학별 특화된 창업프로그램을 진행한다.

창업기업의 성장단계별 특성 및 정책 체계(출처 : K-Startup)

지원대상(창업생애주기 단계)		지원사업명	지원규모	지원내용
예비	예비창업자	예비창업패키지	982.89억 (1500명 내외)	1) 창업화에 소요되는 자금을 최대 1억원 지원(평균 51백만원) 2) 예비창업자 창업교육(40시간) 프로그램 운영 3) 전담멘토를 1:1매칭하여 사업계획 검토/보완, 경영/자문 서비스 제공
	예비창업자	창업중심대학-예비창업패키지	총 240명 내외 (주관기관당 40명 내외)	1) 사업화 자금(최대 1억원, 평균 0.5억원) : 창업아이템 개발, 시제품제작 등에 소요되는 사업화 자금지원(양산자금 사용불가) 2) 창업지원 프로그램(창업교육, 멘토링 등)
3년 이내	업력 3년 이내 창업기업	초기창업패키지	925.4억원 (760개사 내외)	1) 사업화 자금(최대 1억원) 2) 특화 프로그램(아이템 검증 및 투자유치 등 창업기업 맞춤형 프로그램 지원 (주관기관별 상이)
	업력 3년 이내 창업기업	창업중심대학-초기창업패키지	총 150명 내외 (주관기관당 25명 내외)	1) 사업화 자금(최대 1억원, 평균 0.7억원): 창업아이템 개발, 시제품 제작 등에 소요되는 사업화 자금 지원(양산자금 사용불가) 2) 창업지원 프로그램(연합IR, 창업아이템 개선 등)
	업력 3년 이내 창업기업 + 만 39세 이하	청년창업사관학교	844.5억원/915명	One Stop 패키지 지원시스템(자금, 교육, 코칭, 공간, 판로 등) 1) 정부지원금 최대 1억원 이내(총 사업비의 70% 이하) 2) 후속연계 및 정책사업연계 지원 : 졸업후 5년간 연계지원(창업 7년 미만)

3년이상 7년이내	업력 3년이상 -7년 이내의 창업기업	창업도약 패키지	일반과제	900.4억원/480개사 내외	1) 사업화 자금(최대 3억원, 평균 1.2억원) 2) 대기업 및 주관기관의 특화 프로그램 등
			협업과제		
	업력 3년이상 -7년 이내의 창업기업	창업중심대학-도약기 창업기업		총 120개 내외 (주관기관당 20개 내외)	1) 사업화 자금(최대 3억원, 평균 1.2억원) : 창업아이템 개발, 시제품 제작 등에 소요되는 사업화 자금 지원 2) 창업지원 프로그램
재창업	(예비)재창업자 (*재창업자:재창업일로부터 7년이내 기업)	재도전 성공 패키지	일반형 (예비) 재창업자	전체 규모 : 168.3억원, 270명 내외 1) 일반형 : 270명 내외 2) IP전략형 : 30명 내외 선정, 최대 1.1억원 지원 3) TIPS-R형 : 30개 내외	1) 사업화 자금 (최대 6천만원) : 제품/서비스 개발에 필요한 시제품 제작, 마케팅비 등 자금지원 2) 성장촉진 프로그램 : 교육 및 멘토링, 투자R, 네트워킹 등 지원 (주관기관별 상이)
	지식재산권(IP)을 보유한 (예비)재창업자 (*재창업자:재창업일로부터 7년이내 기업)		IP 전략형 (예비) 재창업자		1) 사업화 자금 직접지원(최대 6천만원) 2) IP의 제품화 등 간접지원(컨설팅 비용 최대 5천만원)
	1) 투자자로부터 총 1천만원 이상 투자유치 (접수마감일 기준 3년 이내) 2) **재창업기업**(업력 7년 이내) 3) 대표자를 포함하여 상시 종업원수 2인 이상		TIPS-R (예비) 재창업자		1) 사업화 자금(최대 1억원) : 제품/서비스 개발에 필요한 시제품 제작, 마케팅비 등 사업화 자금지원 2) 성장촉진 프로그램 : 교육 및 멘토링, 투자R, 네트워킹 등 지원

(출처 : K-Startup)

위의 패키지 지원사업 외에도 2023년도 창업지원사업 통합공고 기준 중앙부처, 광역지자체, 기초지자체의 103개의 지원기관에서 426개의 사업을 통해 창업 생애주기별, 사업유형별로 창업자들이 성장할 기회를 제공하고 있으며, 예산 규모는 3조 6,607억 원이다. 그중에서 우리가 주목해야 할 지원사업은 중앙부처의 주요사업들이다. 중앙부처의 지원사업 현황을 보면 중기부, 고용부, 문체부, 교육부, 환경부, 과기부 등 14개 기관에서 102개 사업을 운영하고 있고, 사업 규모는 무려 3조 5,078억 원이다. 이는 지자체를 포함한 전체 예산 규모의 96%에 달하는 규모이다. 따라서 중앙부처의 주요지원사업에 우선 지원하는 것이 평균적으로 가장 많은 창업지원금을 받을 수 있게 되는 것이다. 이에 우리는 전략적으로 중앙부처 및 주요 정부 지원사업에 창업 생애 단계별로 지원하는 사업을 중심으로 나에게 맞는 사업을 찾아 준비하는 것이 필요하다.

소상공인형 창업

중소벤처기업부 통계자료를 보면 국내 소상공인 규모가 2021년 기준 820만 명이고 총 종사자 수는 1440만 명이다. 대표적인 업종은 도소매와 전산업이며 외식업의 경우 73만 개의 업체가 있다. 소상공인 창업을 매장형이라고 정의한 이유가 바로 여기에 있는데 대부분 1인기업 형태로 운영이 되고 있고 종업원이 없는 경우가 대다수이다. 그러다 보니 사장이 곧 직원이고 일인다역을 해야 하는 것이 현실이다. 이런 소상공인 창업의 경우 창업을 하기 위한 체계적인 시스템이 열악해서 대부분 매장의 상권분석, 아이템 검증, 가격전략, 홍보마케팅, 자금 등의 모든 것을 훈련되지 않은 예비창업자가 감당하게 된다. 그래서 대부분의 소상공인 창업은 창업 이후 유지 기간이 짧고 개인의 신용 문제를 일으키는 경우가 종종 발생하고 있다. 그래서 정부 지원사업을 통해 더욱 체계적이고 준비된 창업을 하게 된다면 오랫동안 성장할 수 있는 브랜드를 만들 수 있을 것이라 기대해 본다.

신사업창업사관학교의 경우 창의·혁신적인 아이템을 보유한 예비 소상공인의 성공적인 창업 및 기업가형 소상공인으로 육성하기 위한 창업준비금, 사업화 자금, 지도 및 코칭을 지원해주는 사업이다. 신사업창업사관학교는 기초-심화-실전 단계로 구분되어 지원된다. 예를 들어 기초단계는 창업상담·지도 및 코칭/미니피칭대회/창업아카데미 등의 서비스가 제공된다. 심화 단계는 아이템 구체화단계로 창업준비금 500만 원(정부지원금 100%)과 필요시 보육공간을 제공한다. 또한 당해연도 창업준비금만 지원받는 자는 다음 연도에 신사업창업사관학교 예비창업자에 같은 아이템으로 사업신청 시 서류평가가 면제된다.

마지막으로 사업화 자금단계는 우리가 알고 있는 신사업창업사관학교이다. 즉, 예비창업자의 사업화 자금은 최대 4천만 원(평균 1.8천만 원) 지원하고 창업프로그램을 지원한다. 사업 기간은 협약일로부터 6개월 내외로 운영하고 올해 선정 규모는 500명 내외로 선발하였다.

2023년도는 신사업창업사관학교의 신청 분야가 3가지 유형으로 나누어졌는데 온라인셀러형, 로컬크리에이터형, 라이프스타일혁신형이다. 예비창업자의 아이템과 준비도에 따라 시제품제작, 사업모델(BM)개선 등에 활용할 수 있고 최대 4천만 원이 차등 지원되었다. 로컬크리에이터는 각 지역 기반의 로컬크리에이터와 로컬크리에이터 활성화 지원을 위한 로컬크리에이터 협업사업이 있다. 로컬크리에이터는 예비창업 과정과 사업경력 7년 이내의 창업기업에 최대 4천만 원을 지원하는 사업이다.

로컬크리에이터 사업은 지역의 자연문화특성과 아이디어를 결합해 사업적 가치를 창출하는 창업가를 대상으로 지원하며, 지원유형은 7대 유형(지역 가치, 로컬푸드, 지역 기반제조, 지역특화관광, 거점브랜드, 디지털 문화체험, 자연 친화 활동)이 있다. 지원사항은 사업화 자금, 비즈니스모델의 구체화, 브랜딩, 멘토링, 마케팅 등 사업화를 지원한다. 지원 기간은 선정 후 8개월이고 선정팀의 선정평가점수에 따라 자금은 차등 배정하여 지원한다. 특이사항으로는 신사업창업사관학교가 과밀업종(식당, 카페 등)을 지원하지 않는 것과 달리 지역경제 활성화라는 측면에서 다양한 업종을 지원한다.

또한 로컬크리에이터 2개사 이상이 모이면 지역에 따라 7천만 원에서 1억까지 지원하는 협업과제 지원사업도 활성화되어 있다. 로컬크리에이터 간 협업을 통해 지역자원 (경제적 및 문화적 확산)의 활용가치 제고 및 지역 창업의 생태계 활성화 도모를 목표로 지원한다. 로컬크리에이터는 지방을 중심으로 정부 지원사업이 주로 진행되었고 2022년 서울에서도 로컬크리에이터 사업에 참여하면서 각 도시별 특화된 모델이 나오고 있다.

소상공인 창업생태계의 마지막 단계는 폐업/재창업/전직 등을 지원하는 희망리턴패키지이다. 희망리턴패키지는 '위기에 처한 소상공인에게 희망을 리턴해드립니다'라는 슬로건으로 폐업을 준비하는 소상공인들에게 경영개선지원, 원스톱 폐업지원, 재창업지원, 재취업지원, 전직장려수당 등을 지원한다.

신청자격은 매출 감소, 저신용자, 최근 3년간 특별재난지역 선포, 고용위기 등 특별지정지역 소재, 코로나 경영위기 등으로 매출액이 감소한 경영위기 소상공인이다. 희망리턴패키지의 지원사항은 경우의 수가 여러 가지가 있다 보니 자신의 상황에 맞게 지원해야 한다. 예를 들어서 지속적으로 사업운영을 원하는 소상공인은 경영진단 및 진단결과를 통해 경영개선 교육을 받고 이후 경영개선 사업화자금을 자부담포함 최대 4천만 원까지 받을 수 있다. 이때 신청금액 작성을 잘해야 하는 데 간단하게 설명하면 자산이 될 수 있는 항목은 지원받을 수가 없다. 그리고 자금을 받기 위해서는 현재 사업에 대한 피보팅이 필요한데 이 부분은 '김상미의 창업톡' 희망리턴패키지 부분을 찾아보면 자세하게 내용을 확인할 수 있다.

이렇게 소상공인의 창업생태계도 예비창업단계 : 창업(신사업창업사관학교/로컬크리에이터:예비창업트랙), 경영개선 : 7년 미만 지원(로컬크리에이터), 폐업(희망리턴패키지)까지 다양한 정부 지원사업이 존재한다. 하지만 대부분의 소상공인 창업자들은 정보 부족으로 정부 지원을 충분히 받지 못한 상태에서 창업 전선에 뛰어들게 된다. 만약 정부 지원제도에 대해 공부만 잘해도 창업 아이템 단계에서부터 창업 아이템의 사업성을 검증받을 수 있게 된다. 또한 운영을 잘할 수 있도록 창업자금, 창업공간, 멘토링, 특허, 상표등록, 홍보마케팅, 전문가의 멘토링 등이 지원된다. 창업을 준비하는 예비창업자분들이 자신에게 맞는 창업형태, 정부 지원사업 등을 잘 찾아본다고 하면 쉽게 망할 확률은 줄어들 것이라고 기대한다. 또한, 창업 아이템 단계부터 정부가 지원하는 전문가와 함께 준비한다면 소상공인으로 창업 후 기업형으로 키워나가는 데 큰 도움이 되리라 생각한다. 아는 만큼 제대로 준비한다면 창업 성공은 결코 남의 일이 아닌 나의 것이 될수 있을 것이다.

소상공인 창업생애주기별 정부지원사업

지원대상 (창업생애주기 단계)	지원사업명		지원규모	지원내용
예비창업자	신사업창업사관학교		197.5억원 (총 500명 내외)	1) 기본 창업교육 이론교육 2) 창업 형태별 실습교육 : 공간 기반 체험점포/비공간 기반 실습 교육 프로그램 3) 사업화 지원 및 연계지원 : 최대 3천만원, 총 사업비의 50%(현금+현물) 자부담 조건
예비창업자	로컬 크리에이터	예비창업 트랙	총 40명 내외	사업화 자금 (최대 1천만원) : 로컬크리에이터의 비즈니스모델(BM) 구체화, 멘토링, 브랜딩, 마케팅 등 성장단계별 사업화 자금 및 프로그램 지원
업력 7년이내 창업기업		기창업트랙	총 130명 내외	사업화 자금 최대 3천만원
업력 7년이내 창업기업 +로컬크리에이터 3개사 이상으로 구성된 팀		협업과제	총 12개 과제 내외	과제별 정부지원금 최대 1억원 : 지역의 새로운 가치 창출 및 지역창업 활성화를 위해 기획 및 운영하는 로컬크리에이터 협업과제에 소요되는 자금 지원
경영위기 소상공인	희망리턴패키지		총 7400건 내외	경영개선지원 : 경영진단을 통한 경영개선교육 또는 사업화 (최대 2천만원) 지원
폐업(예정) 소상공인			총 15000명 내외	원스톱폐업지원 : 사업정리컨설팅+점포철거지원+법률자문+채무조정 패키지
			총 19400건 내외	재취업지원 : 폐업(예정) 소상공인의 취업 역량강화 및 전직장려수당 지원
재창업 의지와 성장가능성이 높은 폐업(예정) 소상공인			총 5500건 내외	재창업지원 : 재창업교육, 재창업사업화(교육+멘토링+자금(최대 2천만원)) 지원

Chapter 2
정부지원금 1억 받고 창업하는
기업형 창업 솔루션

예비창업자라면 갚지 않아도 되는 정부지원금
최대 1억 받고 창업하자

● ●

기업형 예비창업자를 대상으로 정부는 해마다 갚지 않아도 되는 자금을 5천만 원에서 최대 1억까지 지원한다. 또한 창업 공간, 창업 교육, 창업에 필요한 분야별 전문가 멘토링을 무상으로 제공한다. 그리고 중앙부처에서 광역 지자체까지 매해 창업자금과 창업지원 프로그램을 지속적으로 늘려 가고 있다. 코로나 펜데믹이 시작되던 2021년에는 기존의 창업과는 다른 패러다임으로 예비창업자들의 창업을 지원했다. 매해 1회 지원하던 창업 지원사업을 "비대면"이라는 타이틀로 하반기에 추가지원을 하기도 했다. 이 당시를 회상해 보면 우리 회사도 전반기에는 축구전문 콘텐츠 기업, 통근버스를 활용한 물류 서비스 플랫폼, 여성 벤처기업의 청소기 등 다양한 컨설팅을 진행했다. 이때만 해도 창업 시장은 전년도와 비슷한 상황이었다. 그런데 정부의 청년창업 및 스타트업의 창업을 늘리기 위한 지원책으로 하반기에 "비대면 스타트업"을 중심으로 한 사업이 출발하게 되면서, 전반기 컨설팅이 마무리되기도 전에 신규 브랜드의 컨설팅이 시작되었다. 이때 진행했던 것은 비대면 스타트업의 멘토링과 초기창업을 연계한 컨설팅이었다.

엠엠컨설팅연구소는 초창패 컨설팅을 잘 맡지 않는다. 이유는 모든 스포츠에서 기본기가 중요하듯이 창업에 있어서도 창업 예비단계 및 창업 이후 1년이 가장 중요한 시기이다. 그런데 이 시기를 지나 창업 2, 3년 차에 컨설팅을 처음 받게 되는 경우 성공적인 결과를 만들 수 있는 확률이 1년 차 대비 현저히 낮은 것이 현실이다. 그러다 보니 자연스럽게 예비단계의 기업을 대상으로 하는 컨설팅에 집중하게 되는데, 그 결과로 이분들이 창업생태계에서 오랫동안 살아남을 수 있는 확률을 높일 수 있게 된다. 그래서 예비창업단계부터 컨설팅을 받은 업체를 초기창업패키지로 보내고 사업화를 통해 다양한 지원을 받게 한다. 이렇게 성장한 기업이 후에 도약패키지나 연계 정부지원사업을 받아 성장하는 것을 돕고 있다.

예를 들자면 2021년 하반기에 시작된 비대면 스타트업은 원어민 교사 플랫폼, 선생님들의 교육자료 공유 및 판매 플랫폼, 언어교육 플랫폼, 드라이브스루 민원 발급기 사업 등의 다양한 브랜드를 컨설팅했다. 컨설팅을 통해 비즈니스모델(BM) 고도화, 시장조사, 홍보마케팅, 네트워킹, 투자 등의 전문서비스를 지원했다. 그 이후 다수의 업체는 초창패의 지원을 받게 되고 지금도 사업을 잘 운영하고 있다. 이렇게 정부지원사업을 통해 기업형 예비창업자들의 성장을 지켜보면서 안정적인 창업을 위해서는 예비창업패키지, 창업중심대학 같은 사업을 통해 창업하기를 권해본다.

1) 예비창업패키지 : 개요

2023년 예비창업패키지를 중심으로 살펴보면 혁신적인 기술창업 아이디어를 보유한 예비창업자의 성공 창업을 지원하고 이로 인해 양질의 일자리를 창출하는 것을 목적으로 했다. 그리고 지원 대상자는 사업공고일 기준으로 사업자등록증이 없어야 한다. 단, 예외 조항이 있는데 이 부분은 아래 예비창업패키지 신청자격 세부 조건을 참고하길 바란다.

□ 신청자격

○ 공고일 ('23.2.23.) 기준 신청자 명의의 사업자 등록(개인, 법인)이 없는 자

- 단, 2022년 예비창업패키지 창업프리스쿨 완료기업 대표, 부동산 임대업만을 영위하는 창업기업(개인사업자) 대표는 아래의 '기창업자 신청자격 세부 조건'을 충족하는 경우에 한하여 신청 가능

< 기창업자 신청자격 세부 조건 >

▶ **2022년 예비창업패키지 창업프리스쿨 완료기업 대표**

• 2022년 예비창업패키지 창업프리스쿨 예비창업자 모집공고(창업진흥원 공고 제2022-55호)에 참여하여 수행완료 판정을 받은 창업기업 대표는 신청 가능

  * 단, 창업프리스쿨에서 완료판정을 받은 아이템과 핵심요소가 같아야 함

▶ **부동산임대업 영위기업 대표**

• 공고일('23.2.23.) 기준 직원을 고용하지 않고 부동산임대업만을 영위*하는 개인사업자(법인 불가)로, 협약종료일 2개월 이전까지 이종업종 제품 및 서비스를 영위하는 법인사업자로 창업이 가능한 경우에 한하여 신청 가능

  * 사업자등록증 상에 부동산임대업 이외에 타 업종을 복수로 영위하고 있는 경우 신청 불가

○ 사업공고일로부터 최근 3년간 폐업한 경험이 있는 자는 폐업한 기업에서 영위한 업종(주업종, 부업종)과 이종업종 제품 및 서비스로 창업할 예정인 경우에 한하여 신청 가능

- 단, 폐업한 기업에서 영위한 업종과 동종업종 제품 및 서비스로 창업할 예정인 경우에는 폐업 후 3년(부도·파산으로 인한 폐업 시 2년)을 초과한 자에 한하여 참여 가능

  * 동종업종 제품 및 서비스 재창업 여부 확인을 위해 총사업자등록내역, 폐업사실 증명원 등의 서류제출을 요청할 수 있음 (해당자 별도 안내)

올해(2023년) 전체 모집 인원은 992명이고 일반분야 792명, 특화 분야 200명을 선발했다. 또한 협약 및 운영 기간은 8개월로 2023년 5월에서 12월까지 운영했다. 예비창업패키지 지원 내용은 사업화를 위한 자금을 최대 1억, 평균 5,000만 원을 지원한다. 그리고 창업에 필요한 창업 교육, 시제품 제작, 지적재산권 출원·등록, 경영기술자문 및 멘토링을 지원한다.

□ 신청분야

○ 일반분야와 특화분야로 구분

신청분야		분야별 설명	선정규모*
일반분야		정보·통신, 전기·전자, 기계·소재(재료), 바이오·의료(생명·식품), 에너지·자원(환경·에너지), 화학(화공·섬유), 공예·디자인 등 全 기술 분야를 지원	792명
특화분야	여성분야	혁신적인 기술창업 아이디어를 보유한 여성 예비창업자를 지원 * 여성 분야는 '여성'만 신청 가능	100명
	소셜벤처분야	사회문제 해결을 목표로 혁신기술 또는 비즈니스 모델을 통해 수익을 추구하는 소셜벤처 기업을 창업하려는 예비창업자를 지원 * 소셜벤처 분야는 창업 후 3개월이 속한 월말(협약기간 이내)까지 '소셜벤처기업' 판별을 충족하지 못할 경우 '실패' 판정	100명

예비창업패키지의 신청 분야는 일반분야와 특화 분야로 구분되는데 일반분야는 정보·통신, 전기·전자, 기계·소재(재료), 바이오·의료(생명, 식품), 에너지·자원(환경·에너지), 화학(화공·섬유), 공예·디자인 등 전 기술 분야를 지원한다. 특화 분야는 여성분야 및 소셜벤처분야가 있다. 여성분야의 경우 여성만 신청할 수 있는 데 혁신적인 기술창업 아이디어를 보유한 여성 예비창업자를 지원한다. 그리고 소셜벤처분야의 경우 사회문제 해결 및 혁신 기술 또는 비즈니스모델을 통해 수익을 추구하는 소셜 벤처기업을 창업하려는 예비창업자를 지원한다.

□ **지원내용** : 사업화 자금 (최대 1억원, 평균 0.5억원), 창업프로그램 등

사업화 자금		창업프로그램*		전담·전문 멘토링
시제품 제작, 마케팅, 지식재산권 출원·등록 등에 소요되는 사업화 비용 지원	⊕	BM 고도화, MVP 제작 등 주관기관별 창업프로그램 운영	⊕	예비창업자의 경영·기술 자문을 위한 전담·전문멘토링 지원 (총 10회, 회당 3시간)

예비창업패키지의 지원 내용을 구체적으로 살펴보자면 시제품 제작 및 지식재산권 취득, 사업모델(BM) 개선 등에 들어가는 사업화 자금을 최대 1억까지 지원한다. 하지만 지금까지 지원금을 볼 때 평균 기업당 5천만 원을 받게 된다. 또는 사업계획서 평가에 따라 더 적은 금액을 지원받기도 한다. 그러다 보니 사업계획서 단계에서 아이템 또는 서비스의 혁신적인 요소만큼 중요한 것이 바로 자금의 구성요소이다. 내가 써야 하는 비용에 대한 객관적인 근거 및 정확한 산출이 이루어져야만 창업 이후에 자기 자금의 출혈을 줄일 수 있게 되고 정부 지원도 많이 받을 수 있다는 것을 명심하길 바란다.

그렇다면 지금부터 예비창업자를 위한 지원 세부 내용을 살펴보도록 하자.

총사업비는 2022년까지는 7:3의 비율로 정부지원금 및 대응 자금이 있었다. 그런데 2023년도는 사업비의 100%를 정부가 지원하는 것으로 되어있다. 대응 자금은 없다고 표기되어 있지만 새롭게 만들어진 것이 바로 자기 자금 또는 투자 비용이라는 항목이 있다. 이 말의 의미는 단어만 바뀌었을 뿐, 자기 자금은 반드시 들어가야 한다는 것이다. 그 다음은 비목에 대한 정의 및 기준을 정확하게 살펴보아야 한다. 이 부분에 대한 이해가 잘되지 않으면 자금계획에 실패할 수 있으므로 용어 및 사용처에 대해 잘 살펴보아야 한다. 자세한 내용은 아래 비목정의 및 기준을 살펴보도록 하고 우리는 중요한 내용만 정리해 보는 것으로 한다.

비목정의 및 기준(세부기준 선정자 별도 안내)

비목	비목 정의	집행기준
재료비	사업계획서 상의 사업화를 위해 소요되는 재료 또는 원료, 데이터 등 무형재료를 구입하는 비용	한도 없음 (양산자금 사용 불가)
외주용역비	자체적으로 시제품 제작을 완성할 수 없는 경우, 용역계약을 통하여 일부 공정에 대해 외부업체에 의뢰하여 제작하고, 이에 대한 대가를 지급하는 비용	
기계장치 (공구, 기구, SW 등)	사업화를 위해 필요한 일정 횟수 또는 반영구적으로 사용 가능한 기계 또는 설비, 비품을 구입하는 비용	
특허권 등 무형자산 취득비	사업계획서 상의 창업아이템과 직접 관련있는 지식재산권 등의 출원, 등록관련 비용	
인건비	소속직원이 사업게 직접 참여하는 경우 근로계약에 따라 지급하는 급여 대표자, 대표자와 특수관계인(민법 제777조의 친족관계의 자)은 인건비 지급 불가	
지급수수료	사업화를 위한 거래를 수행하는 대가로 요구하는 비용 (기술이전비, 학회 및 세미나 참가비, 전시회 및 박람회 참가비, 시험인증비, 멘토링비기자재임차비, 사무실임대료, 운반비, 보험료, 보관료, 회계감사비, 법인설립비 등)	
여비	창업기업 대표, 재직 임직원이 소재지를 벗어나 타국가로 업무관련 출장 등의 사유로 집행하는 비용	
교육훈련비	창업기업 대표, 재직 임직원이 사업화를 위해 기술 및 경영교육 이수 시 집행하는 비용	
광고선전비	창업기업 제품과 기업을 홍보하기 위한 홈페이지 제작비, 홍보영상, 홍보물 제작 등의 광고 게재, 기타 마케팅에 소요되는 비용	
창업활동비	창업(준비)활동에 필요한 국내 출장여비, 문헌 구입, 소모품 구입비 등에 소요되는 경비	월 50만원 한도

비목에서 가장 큰 비중을 차지하는 것은 외주 용역비이다. 이유는 만약에 개발자 없이 앱을 만든다고 가정하거나, 혹은 시제품을 외주로 생산한다고 할 때 전체 사업비 중에서 가장 큰 항목이 바로 외주 사업비가 될 것이다. 그러다 보니 사업계획서가 완성되면 첫 번째 해야 하는 일은 바로 외주업체를 섭외하는 것이다. 적어도 2~3개의 업체와 컨텍을 하고 비교 견적 후에 나에게 가장 필요한 작업을 합리적으로 구현 또는 실행할 수 있는

업체를 선정해야 한다.

다음은 인건비 항목인데 대표이사 및 특수관계인(민법 제777조의 친족 관계의 자)의 인건비 지급은 불가하다. 이 부분을 모르고 가족 구성원을 직원으로 쓰게 되면 곤란한 상황이 생기게 된다.

그리고 광고 선전비에 대한 명확한 기준이 있어야 한다. 예비 창업을 하는 경우 대부분 사업 경험이 없는 분들이다 보니 아이템과 서비스의 인지 동선 및 구매 동선을 만드는 것에 대한 중요성을 간과하는 경우가 있다. 그래서 낭패를 겪게 되는 것이 제품은 잘 만들었는데 광고 선전비를 너무 적게 잡아서 개인 비용을 지출하거나 광고홍보를 포기하게 되는 경우가 발생하기도 한다. 따라서 광고 선전비 비목에 들어갈 효과적인 광고홍보 채널을 선택하고 채널별 광고 홍보 비용을 미리 알아본 후 예산에 반영해야 한다.

마지막으로 활동비는 대표이사가 쓸 수 있는 비용으로, 급여가 없는 대표가 유일하게 항목에 맞게 사용 가능할 수 있는 금액임으로 반드시 사용하길 권한다.

예비창업패키지의 평가 절차는 총 2단계로, 1차 서류 심사하고 2차로 대면 면접을 통해 사업계획서 발표 및 질의응답을 거쳐서 선정한다. 예비 창업기업의 자격요건 검토는 창업진흥원과 주관기관에서 상시 진행하며 미충족 시 선정 및 협약 이후에도 탈락 처리가 된다.

서류평가의 경우 창업 프리스쿨 최우수판정자, 공고일 기준 최근 2년 이내 정부 주관 전국 규모 창업경진대회 장관급 이상 훈격 수상자, 그린뉴딜 관련 분야로 창업 예정 인자는 각각 1점, 최대 3점의 가점을 받을 수 있다. 또한 서류평가면제는 혁신 창업스쿨 2단계 수료자 및 도전! K-스타트업 왕중왕전 진출자가 해당이 된다. 이렇게 예비창업단계도 가점 또는 사업계획서 서류면접 통과 방법이 있다 보니 다양한 합격 방법을 모색해 보길 바란다.

저자의 경우 최근 혁신 창업스쿨 2단계 수료자를 컨설팅 중인데 만약 사업계획서에 자신이 없거나 시제품을 만들어서 사업의 가능성을 높여보고 싶다면 혁신 창업스쿨을 추천한다. 자세한 내용은 아래 혁신창업스쿨 주요내용을 참고해 보길 바란다.

혁신창업스쿨 주요내용

구분	혁신창업스쿨	
	혁신창업스쿨 트랙	딥테크스쿨 트랙
목적	혁신기술 아이디어를 보유한 예비창업자를 대상으로 비즈니스모델 정립, 창업 실무등체계적인 교육지원을 통해 준비된 창업자 양성	미래 첨단기술과 인문학 이해를 바탕으로 창의적 아이디어를 공유 · 발굴하여 실현가능한 모델로 발전시키는 미래 창업자 양성
대상	(예비)창업자	(예비)창업자
모집인원	2,100명 내외(주관기관별 530명 내외)	40명 내외(주관기관별 20명 내외)
분야	일반제조, IT/서비스, 바이오 · 헬스케어	미래 첨단기술 분야
교육비	무료	무료
지원내용	① 온라인 기본교육 : 아이디어 발굴 등 창업기초 및 분야별 특화교육 ② 온 · 오프라인 실습교육 : MVP 제작, 시장검증을 통한 BM 고도화 ③ 후속지원 : IR교육, 통합IR대회, 창업지원사업 연계 등	① 프로젝트 발굴 : 딥테크, 미래학, 인문학, 창업기초 등 온라인 종합 교육 ② 프로젝트 수행 : 팀빌딩, 토론회 및 모의 경영시뮬레이션 등 ③ 프로젝트 완료 : 수행결과 발표회, 창업지원사업 연계 등
교육혜택	① 혁신창업스쿨 교육생 대상 차년도('24년) 예비창업패키지 사업혜택 〈예비창업패키지 연계혜택〉 | 단계	1단계	2단계	3단계
---	---	---	---
조건	수료	수료	우수
혜택	서류가점(2점)	서류면제	서류+발표 면제 | ② 2단계 선정자 대상 MVP 제작교육비 500만원 지원 (100만원 자부담)	우수교육생을 선정하여 글로벌 딥테크 현장견학 및 예비창업패키지 연계지원

마지막으로 예비창업패키지의 일정을 살펴보도록 하자. 2023년도 2월에 중소벤처기업부에서 공고를 냈고 3월15일까지 모집을 했다. 이후 창업진흥원과 주관기관에서 요건검토 및 선정평가를 했고 선정 및 공지를 했다. 2023년 5월 창업진흥원과 주관기관 및 예비창업자가 협약체결 및 사업비 지급 후, 5월부터 12월까지 8개월 동안 사업을 수행하게 된다.

2) 창업중심대학 : 개요

2022년도에 중소벤처기업부에서 창업중심대학 창업사업화 지원사업을 통해 대학과 지역을 기반으로 예비창업자를 지원하는 "창업중심대학 사업"이 신설되었다. 기존의 예비창업패키지와 차이점은 주관기관으로 창업 중점대학 6곳(한양대학교, 강원대학교, 호서대학교, 대구대학교, 전북대학교, 부산대학교)을 선정해서 운영한다는 것이다. 그리고 지역 내 혁신적인 아이디어와 기술을 보유한 유망 예비창업자와 창업기업 총 750개사(팀)을 선발해서 사업자를 지원하는 프로그램이다.

창업중심대학은 기업의 성장 단계별로 사업화 자금과 창업기업에 맞는 창업에 필요한 역량강화교육, 창업전문가멘토링, 투자유치 등의 프로그램을 지원한다. 창업 중심대학 지원사업의 경우 기존 창업패키지와 가장 큰 차이점은 하나의 주관기관에서 창업기업의 단계별(예비-초기-도약) 사업을 지원한다는 것이다.

지원 대상의 선발은 예비 창업의 경우 6개 권역별로 권역 내 예비창업자 60%(대학발 예비창업자 30% 이상 선정)와 일반 예비창업자 40%를 선발했다. 그리고 타 부처 창업지원 사업과 연계를 강화하여 "실험실 특화형 창업선도대학" 등의 사업 참여기업을 우대해서 선발했다.

창업중심대학은 본 사업의 예비단계의 기업을 60% 이상 선발해서 초기 단계를 지원할 예정이다. 또한 기존의 창업패키지와 달리 창업중심대학별 특화된 교육프로그램과 예비 기업에 필요한 역량을 중점적으로 강화하는 교육 및 멘토링이 제공되었다. 대학별 10억 원 이상 자금을 조성하고 창업기업을 대상으로 투자 예정이다. 또한 지역 내 협력기관과 연계하여 지역에 맞는 특화된 프로그램을 제공함으로 창업기업의 성장과 지역창업 거점으로 역할을 수행할 계획이다.

2023년 창업중심대학은 2년 차에 들어오면서 1년 차 보다는 더 많은 거점대학이 선정되었다. 창업중심대학의 선정 규모는 예비단계 354명 내외로 선발하게 된다. 사업목적은 우수한 기술과 비즈니스모델을 보유한 예비창업자를 선정하여 사업화 자금과 기업 맞춤형 프로그램을 지원하는 것이다. 지원 내용은 사업화 자금 최대 1억 원에서 평균 5

천만 원 내외를 차등 지급한다. 또한 창업 아이템의 비즈니스 고도화 및 창업 교육 및 마케팅, 투자유치, 실증 및 각종 연계사업을 운영해 준다.

창업중심대학의 협약 기간은 2023년 5월에서 12월까지 총 8개월 이내로 협약하고 운영한다. 선정 규모는 전체 354명 내외이며 창업중심대학별로 예비창업자를 선발하고 해당권역에 예비창업자 및 대학발 예비창업자를 일정 비율 이상 선정하였다. 6개 권역별 권역 내 주민등록상의 거주지가 있는 예비창업자를 60% 선발하는데 거주기준은 공고일인 2023년 2월 28일 기준이다. 대학발 예비창업자는 권역 내 예비창업자 60% 중의 30%를 선발하는데 기준은 권역 내 소재한 대학교(캠퍼스 소재지 기준)에 소속된 대학(원)생 및 교원이어야 한다. 일반 예비창업자는 전체 정원의 40%로 주소지와 무관하게 우수한 예비창업자를 선발했다.

창업중심대학(A 권역) 초기 창업기업 선정규모

(A 권역) 창업중심대학	A 권역 내 초기 창업기업	대학발 초기 창업기업	일반 초기창업기업	⇒ ⇒ ⇒	대학당 24개사 내외 선정
	60% 이상 선정	30% 이상 선정	40% 이내 선정		

전체 창업중심대학 예비창업자의 선정 규모는 대학별 39명 내외를 선발하며 전체규모는 354명 내외이다. 권역 내 대학발 예비창업자의 경우, 신청 수요 및 평가 결과에 따라 선정 비율을 조정할 수 있게 되었다. 신청 자격 및 요건은 아래 창업중심대학교 예비창업자 모집공고를 참고해서 정확하게 인지해야 한다. 이유는 창업중심대학은 지역 기반의 모집 혜택을 잘 활용하는 것도 합격 요인이 되기 때문이다.

창업중심대학교 예비창업자 신청자격

• 「중소기업기본법」 제2조제1항에 따른 중소기업의 대표자이자,
「중소기업창업 지원법」 제2조제2호 및 제3호, 제10호에 따른 초기 창업기업의
대표자로서 모집공고일 기준 창업 3년 이내인 자

- **신청가능 업력** : 2020년 2월 29일 ~ 2023년 2월 28일
- **개인사업자** : 사업자등록증 상 '개업연월일' 기준
- **법인사업자** : 법인등기부등본 상 '회사성립연월일' 기준
- 공동대표 또는 각자대표로 구성된 기업의 경우, 대표자 전원이 '신청자격'에 해당되고, '신청 제외 대상'에 해당되지 않아야 함
- 다수의 사업자등록증(개인?법인)을 보유한 경우, 창업여부 기준표에 따라 신청자격 적합여부 결정(**[참고3] 창업 여부 기준표 참고하여 신청 전 창업 여부 필히 확인**)

* 동 사업에 신청하는 사업자 기준으로 이전에 개시한 사업자(개인, 법인)와의 창업 여부 확인 필수

그러면 이제부터 지원 내용에 대한 부분을 살펴보기로 하자.

사업화 자금		창업프로그램
창업 아이템, BM 고도화 등 사업화에 소요되는 비용* 지원	⊕	교육, 멘토링, 마케팅, 투자유치, 실증, 기관 · 기업 연계 등*
* 평가에 따라 차등 배정		* 창업중심대학별 프로그램 상이[별첨 2]

※ 사업화 자금, 맞춤형 지원 프로그램은 신청한 창업중심대학을 통해 지원

창업중심대학은 기존의 예비창업패키지와 지원 내용의 차이가 있기 때문에 내용을 숙지하고 사업계획서를 작성해야 한다. 기본적인 지원 내용은 시제품 제작, 지식재산권

취득, 사업모델 개선에 소요되는 자금은 예비창업자당 5천만 원에서 최대 1억까지 지원한다. 또한 예비창업패키지와 달리 선정기업 중 우수한 신사업 분야 창업기업 대상 추가로 기업당 7천만 원 내외 지원금을 지급할 것을 검토하고 있다. 사업의 비목을 살펴보면 비목은 재료비, 외주 용역비, 기계장치(공구 기구, SW 등), 특허권 등 무형자산 취득비, 인건비, 지급수수료, 여비, 교육훈련비, 광고 선전비가 있다. 예비창업패키지와 다른 것은 창업활동비 항목이 없다는 것이다. 자세한 내용은 아래 창업중심대학 예비창업자 사업화자금 비목기준을 참고하기 바란다.

창업중심대학 예비창업자 사업화자금 비목

비목	비목 정의	집행기준
재료비	• 사업계획서 상의 사업화를 위해 소요되는 재료 또는 원료, 데이터 등 무형재료를 구입하는 비용	한도 없음 (양산자금 사용 불가)
외주용역비	• 자체적으로 시제품 제작을 완성할 수 없는 경우, 용역 계약을 통하여 일부 공정에 대해 외부업체에 의뢰하여 제작하고, 이에 대한 대가를 지급하는 비용	
기계장치 (공구ㆍ기구, SW 등)	• 사업화를 위해 필요한 일정 횟수 또는 반영구적으로 사용 가능한 기계 또는 설비, 비품을 구입하는 비용	
특허권 등 무형자산 취득비	• 사업계획서 상의 창업아이템과 직접 관련있는 지식재산권 등의 출원ㆍ등록관련 비용	
인건비	• 소속직원이 사업에 직접 참여하는 경우 근로계약에 따라 지급하는 급여 *대표자, 대표자와 특수관계인(민법 제 777조의 친족 관계의 자)는 인건비 지급 불가	
지급수수료	• 사업화를 위한 거래를 수행하는 대가로 요구하는 비용 (기술이전비, 학회 및 세미나 참가비, 전시회 및 박람회 참가비, 시험ㆍ인증비, 멘토링비, 기자재임차비, 사무실 임대료, 운반비, 보험료, 보관료, 회계감사비, 법인설립비 등)	
여비	• 창업기업 대표, 재직 임직원이 소재지를 벗어나 타 국가로 업무관련 출장 등의 사유로 집행하는 비용	
교육훈련비	• 창업기업 대표, 재직 임직원이 사업화를 위해 기술 및 경영교육 이수 시 집행하는 비용	한도 없음 (양산자금 사용 불가)
광고선전비	• 창업기업 제품과 기업을 홍보하기 위한 홈페이지 제작비, 홍보영상, 홍보물 제작 등의 광고 게재, 기타 마케팅에 소요되는 비용	

창업중심대학 예비창업 사업운영 일정은 2023년 2월 28일 중소벤처기업부에서 공고하고 K-스타트업 누리집을 통해 3월 21일까지 신청을 받았다. 창업진흥원과 주관기관에서 요건검토 및 선정평가를 하고, 4월 말에 선정 공지를 하고 나면, 창업진흥원과 주관기관 그리고 예비창업자가 5월에 협약을 체결하고 2023년 12월에 사업을 마무리하게 된다.

□ **사업 운영일정** ※ 세부 일정은 대내·외 사정에 의해 변경될 수 있음

2023년도는 대학발 지원사업이 더 확장되었는데 2023년 6월 26일 교육부가 창업 교육 혁신 선도대학을 선정하면서 기존의 창업 교육 거점대학을 확대하고 대학을 지역사회 창업 교육의 중심으로 육성하고자 했다. 또한 지역 기반으로 '창업 교육 혁신 선도대학'을 선발했다. 일반대학 5개 권역, 전문대학 3개 권역 연합체를 선정하였고 선정된 일

반대학은 수도권 권역에 중앙대 주관, 고려대·이화여대·인하대·한국공학대가 연합체로 선정되었다. 충청권 권역은 충남대 주관, 고려대 세종·순천향대·충북대가 연합체로 선정되었다. 호남·제주권 권역에는 전남대 주관, 목포대·순천대·원광대·제주대가 연합체로 선정되었다. 대경·강원권 권역에 영남대 주관, 강릉원주대·계명대·안동대·포항공대가 연합체로 선정되었다. 동남권 권역에 부경대 주관, 경상국립대·울산대·창원대가 연합체로 선정되었다.

창업 교육 혁신 선도대학에 선정된 일반대학 연합체는 각각 7억 5천만 원, 전문대학 연합체는 각각 4억 원을 지원받게 된다. 창업 교육 혁신 선도대학 사업을 통해 지역 내 일자리 창출과 창업 교육의 거점으로 성장할 수 있도록 지원은 계속될 예정이다.

혁신분야 창업패키지 비대면 사업화자금 1.5억 받는 방법

혁신분야 창업패키지와 유사한 사업으로는 2019년 경기도에서 진행한 "2019년 경기도 기술개발사업 창업기업 혁신분야"와 대전에서 진행한 "2019년 사회적 경제기업 혁신분야 특화지원" 사업이 있었다. 하지만 본격적으로 비대면 즉, 사람과 사람이 직접적으로 대면하지 않거나 대면을 최소화할 수 있는 서비스나 제품을 지원하는 사업은 2020년에 시작되었다. 대상기업은 비대면 창업에 대한 업력 7년 이내의 기업을 중심으로 최대 1.5억 원을 지원하는 사업이다. 2021년 코로나 펜데믹으로 비대면 환경이 급격하게 확산됨에 따라 비대면 스타트업 육성사업은 비대면 분야에서 글로벌 디지털 경제를 선도할 기업을 선정하고 육성하는 것을 목표로 사업을 진행하였다.

2023년 정부는 7개 부처가 각 부처의 정책 방향에 맞는 창업기업을 선발하고 선정된 기업에게는 중소벤처기업부의 사업자자금 및 전문성이 반영된 멘토링, 판로, 투자유치 등의 특화된 프로그램을 지원하여 육성할 예정이다. 올해(2023년) 부처별 선발기준을 보자면 산업부는 교육스타트업육성을 담당하게 되는데 초·중·고, 직업, 평생교육 등 생애주기별로 다양한 시장에 교육서비스를 적시에 제공 할 수 있는 기업을 선발한다. 농림축산식품부는 스마트농업 분야의 비즈니스전략과 차별성을 중점으로 선발할 예정이며 국토교통부는 물류와 스마트도시 등 2개 분야를 담당하게 된다. 물류 분야는 미래 모빌리티, 스마트물류 등 물류 관련 신사업적합도와 미래성장 가능성을 기준으로 선발한다. 과학기술정보통신부는 온라인동영상 서비스(OTT). 메타버스. 크리에이터미디어 등 3대 미디어와의 융합을 통한 부가가치와 신시장 창출 가능성 등, 문화체육관광부는 가상현실과 액티비티의 융합성장 가능성을 중점으로 선발한다. 특허청은 인공지능(AI) 빅데이터·보안 등 기반 기술활용성과 혁신성을 보유한 창업기업, 중기부는 사물인터넷(IoT) 블록체인. 자율주행 등 딥테크 관련 성장성을 보유한 창업기업을 선정한다.

비대면 스타트업 육성사업은 분야별 창업기업을 글로벌하게 성장시키기 위한 부처별 지원과 특화프로그램으로 가장 눈여겨 볼만한 지원제도이다. 그리고 현재 나의 사업 아이템의 확장 선상에서 위의 7개 부처 분야에 해당하는 산업군이라면 지원해 볼 만한 유망한 정부지원사업이다.

1) 비대면 스타트업 육성사업

본 사업은 비대면 분야의 유망한 창업기업을 발굴하고 지원 양성하는 프로그램이다. 비대면 스타트업 육성사업은 8개 분야의 기업들을 부처 간 협업을 통해 선발 양성한다. 지원 분야는 교육-에듀테크, 생활소비-스마트농업/물류/스마트시티, 콘텐츠-ICT융합미디어/액티비티 · 가상현실, 기반기술-AI.빅데이터.보안/딥테크 등이다. 분야별 선발 규모는 기본적으로 30개 사를 선발하고 최대 35개 사까지 선발할 수 있다.

분야별 협업부처를 살펴보자면 교육분야 애듀테크(산업통상자원부), 스마트농업(농림축산식품부), 물류&스마트시티(국토교통부), ICT융합미디어(과학기술정보통신부), 액티비티.가상현실(문화체육관광부), AI.빅데이터.보완(특허청), 딥테크(중소벤처기업부)이다.

비대면 지원분야		분야별 협업부처	선발규모	
대분야	세부분야		기본	추가
❶ 교육	에듀테크	산업통상자원부	30개	신청 · 접수 결과에 따라 선발규모 추가 배정
❷ 생활 · 소비	스마트농업	농림축산식품부	30개	
	물류	국토교통부	30개	
	스마트시티	국토교통부	30개	
❸ 콘텐츠	ICT융합미디어	과학기술정보통신부	30개	
	액티비티 · 가상현실	문화체육관광부	30개	
❹ 기반기술	AI · 빅데이터 · 보안	특허청	30개	
	딥테크	중소벤처기업부	30개	
소 계			240개사	34개사
합 계			274개사	

전년도 대비 달라진 것은 기존의 13개 분야(비대면의료, 의료기기, 디지털혁신교육, 에듀테크, 온라인농 · 식품, 물류, 스마트시티, 해운 · 수산, 친환경, 융합미디어, 비대면스포츠, 인공지능, 유레카)를 8개 분야로 축소했다. 또한 지원 대상도 비대면 분야 예비창업자 및 7년 이내 창업기업에서 비대면 분야 7년 이내 창업기업으로 조정했다. 이에 대해서는 기반기술을 보유한 우수한 창업기업을 집중적으로 육성하기 위해 지원 대상이 조정되었다고 한다.

2023년도 혁신분야 창업패키지(비대면) 분야의 전체 지원 규모는 410.75억 원이고

274개 사를 모집했고 지원 사항은 사업화 자금으로 시제품 제작, 마케팅 등에 소요되는 금액을 최대 1.5억 원 지원한다. 단, 사업화 자금은 평가 결과에 따라 차등 지급된다. 또한 세부 분야별 특화프로그램이 지원될 예정이다. 총사업비는 정부지원금(70% 이하) + 창업기업의 대응 자금(30% 이상)으로 구성된다. 특화프로그램의 경우 주관기관을 활용하여 인증, 기술 평가 등을 지원하고 부처별 정책 연계해서 창업기업에 맞춤형 지원을 할 예정이다.

사업계획서를 작성할 때 대응 자금은 매우 중요한 부분인데 심사위원으로부터 사업에 대한 의지를 보여주는 역할을 하게 된다. 그러다 보니 대응 자금이 30% 이상을 써야 하고 이 부분의 자금출처도 명확하게 제시하는 것이 필요하다.

사업비 구성 예시

총사업비	정부지원금	창업기업 대응자금(총 사업비의 30% 이상)	
		현금	현물
215백만원	150백만원	22백만원	43백만원
100%	총 사업비의 70% 이하	총 사업비의 10% 이상	총 사업비의 20% 이하

* 현물은 창업기업 대표자 본인 및 사업화 수행에 직접 참여하는 기 고용인력의 인건비, 사무실 임차료, 보유 기자재 등으로 부담

사업비의 집행 비목을 살펴보자면 재료비, 외주 용역비, 기계장치 구매비, 특허권 등 무형자산 취득비, 인건비, 지급수수료, 여비, 교육훈련비, 광고선전비 등이 있다. 비대면 창업패키지의 사업계획서 컨설팅을 하면서 가장 많이 받는 질문은 대표이사의 급여를 받을 수 있는지 여부인데 정부 지원사업 기간 내에 대표이사의 활동비를 지급하는 경우는 있다. 하지만 급여를 지급하지 않는다는 것을 꼭 기억해야 한다. 그리고 외주 용역비의 경우 아웃소싱을 맡기는 것이 큰 비용을 지출하는 항목임으로 이 부분에 있어서 아웃

소싱과 자체 인력 채용에 관한 것을 충분히 검토해야 한다. 만약 신규 채용을 하거나 기존 직원이 비대면 분야의 창업업무를 한다면 인건비 항목으로 처리할 수 있다.

마지막으로 광고 선전비에 관한 공부는 반드시 필요한 항목이다. 대부분 기술을 중심으로 창업하는 기업이다 보니 이 부분을 간과하고 비용을 적게 잡아서 낭패를 겪게되는 것을 보게 된다. 광고 선전비는 제품이나 서비스를 잘 만드는 것만큼 매우 중요한 지출 항목으로 고객을 대상으로 광고 홍보 채널을 어떻게 활용할 것인지에 대한 부분이다. 고객으로 하여금 제품이나 서비스를 인지하고 구매하기 위한 채널(홈페이지, 쇼핑몰, SNS, 유튜브, 블로그, 온라인광고)을 적극적으로 활용하는 것이 사업 성공에 있어서 중요한 요소가 된다. 그래서 이 부분에 대해서는 전담 직원 또는 대표가 전문적인 지식을 가지고 접근하는 것이 필요하다.

특화프로그램의 경우 협업부처와 연계된 것으로 8개 분야별 협업부처와 주관기관이 지원하는 프로그램이 운영된다. 예를 들어서 에듀테크의 경우 협업부처인 산업통상자원부와 주관기관인 한국 에듀테크 사업협회가 대·중견기업과 비즈니스 교류 및 국내외 시장개척 및 투자를 연결해 준다. 이렇게 8개 지원 분야별 협업부처 및 주관기관이 창업기업에 맞는 특화프로그램을 운영하고 있다. 더 자세한 내용은 아래 주관기관별(분야별) 소개자료를 참고하시기를 바란다.

주관기관별(분야별) 특화프로그램 구성 및 지원

지원분야	협업부처	주관기관	주요 프로그램
에듀테크	산업부	한국에듀테크산업협회	대·중견기업과 비즈니스 교류의 장 제공 및 국내외 시장개척 및 투자연결 등
스마트농업	농식품부	한국농업기술진흥원	농식업 기술 시장분석 및 평가, 국회 소통관 내 매장입점 등 판로개척 등
물류	국토부	한국통합물류협회	기업별 수요기반 물류·유통 시장동향 분석 및 판로개척과 투자매칭 등
스마트시티	국토부	스마트도시협회	스마트도시 관련 기술지원 및 산업관련 네트워크 형성, 투자유치 역량 강화 등
ICT융합미디어	과기정통부	한국방송통신전파진흥원	디지털미디어센터 내 장비 및 시설 지원, 비즈니스 모델 분석 및 컨설팅 프로그램 등
액티비티·가상현실	문체부	와이앤아처주식회사	시민검증단을 통한 제품·서비스 시장검증 및 심층진단과 데모데이 및 IR 개최 등
AI·빅데이터·보안	특허청	한국특허정보원	지식재산 데이터 무상제공, 기술 멘토링, 클라우드 활용지원, 판로개척·투자유치 행사 등
딥테크	중기부	인천테크노파크	시장검증 실증지원 프로그램, 글로벌 투자유치 지원 등

사업지원은 중소벤처기업부 공고(23.1.31) 이후 K-스타트업을 통해 신청, 접수 이후에 창업진흥원과 주관기관에서 기업별 요건검토 및 선정평가를 한다. 그리고 선정심의 및 공지하고 수정사업계획서작성 및 협약 준비를 하는데 이때 대응 자금을 입금한다. 마지막으로 창업진흥원, 주관기관, 창업기업이 협약을 하고 사업비를 지급한다. 사업비 지급 이후 약 9개월 동안 사업수행을 하게 되고 창업기업은 사업수행 진행 과정을 주관기관에 수시(중간보고)로 보고하고 점검을 받게 된다. 2024년 1월에 최종보고 및 점검을 받게 되는데 이 과정을 마지막으로 사업은 종료된다.

사업절차 및 모집일정

① 공 고	② 창업기업 신청 · 접수	③ 요건검토 및 선정평가
중소벤처기업부	K-Startup	창업진흥원, 주관기관
'23. 1.31.	'23. 2.10.~ 23	'23. 2월~3월

⑥ 협약체결 및 사업비 지급	⑤ 수정사업계획서 작성 및 협약 준비(대응자금 입금 등)	④ 선정 심의 및 공지
창업진흥원-주관기관-창업기업	창업기업	K-Startup 홈페이지
'23. 4월 말	'23. 4월	'23. 3월 말

⑦ 사업수행	⑧ 중간(수시) 보고 및 점검	⑨ 최종보고 및 점검
창업진흥원, 주관기관, 창업기업	주관기관, 창업기업	창업진흥원, 주관기관, 창업기업
'23. 4월~'23.12월(약 9개월)	수시	~'24.1월

* 추진일정은 대내외 상황에 따라 변경될 수 있음

마지막으로 비대면 스타트업육성사업 합격을 위한 사업계획서 작성 팁을 제안하고자 한다.

정부지원사업 사업계획서의 작성순서는 문제인식(Problem), 실현가능성(Solution), 성장전략(Scaleup), 기업구성(Team)순으로 작성을 하게 된다. 그런데 비대면 스타트업의 경우 앞서 나열한 항목에 창업 사업화라고 해서 80점을 배정한다. 그리고 비대면 분야 특화평가항목의 20점을 배정한다. 그럼 우리는 20점에 해당하는 부분에 대한 차별성을 명확하게 만들어야 한다.

평가기준 : 창업사업화(80%) 및 비대면분야 특화(20%)로 평가

창업사업화 평가기준		비대면 분야 특화 평가(협업부처)
80점	1. 문제인식(Problem) 2. 실현가능성(Solution) 3. 성장전략(Scaleup) 4. 기업구성(Team)	20점 • 비대면 분야별 협업부처 정책방향을 고려한 평가지표 구성 – 사업계획의 비대면 해당여부 – 해당 비대면 시장에서의 유망성, 사업계획의 우수성, 효과성 등 분야별 별도 평가

예를 들어서 만약 교육사업을 가지고 산업부에 지원한다고 하자. 그러면 서두에 설명한 것처럼 산업부는 교육스타트업 기업중에 초 · 중 · 고, 직업, 평생교육 등 생애주기별로 다양한 시장에 교육서비스를 적시에 제공할 수 있는 기업을 선정한다는 기준이 있다. 이 기준대로라면 내가 초등학생 대상의 비대면 교육서비스를 어떻게 구현해야 하는지 답을 찾을 수가 있다. 온 · 오프 서비스를 통한 교육생이 있는 모든 환경에서 교육을 받을 수 있는 시스템을 구현해야 하는 것이다.

또한 '해당 비대면 시장에서의 유망성, 사업계획서의 우수성, 효과성 등 분야별 별도 평가'라는 항목이 있다. 이 부분에 대한 해석은 비대면 시장에서 나의 아이템의 확장성과 시장 내 경쟁자 대비 차별성을 갖추고 있는지를 보여주어야 한다. 마지막으로 사업계획서의 우수성은 사업계획서를 통해서 내가 이 사업으로 우상향의 수익을 창출할 수 있는지 숫자로 나타낼 수 있어야 한다는 것이다. 여기까지 준비가 되었다면 당신은 합격이라는 목표에 가장 가까운 위치에 서게 될 것이다.

Chapter 3
소상공인형 창업으로
2년간 정부지원금 8천만 원 받는 방법

신사업창업사관학교로 4천만 원 받고 창업하기

• •

신사업창업사관학교는 2015년부터 시작된 사업으로 정부가 소상공인형 창업을 준비하는 예비 창업자들을 대상으로 체계적이고 전문적인 창업 교육을 하기 위해 만든 제도로, 2018년 소상공인 지원사업이 신사업창업사관학교로 통합공고가 되면서 현재의 틀을 갖추게 되었다. 신사업창업사관학교는 소상공인 분야의 혁신적인 아이디어, 또는 향후 발전 가능성이 높은 국내외 창업아이디어로 창업하는 예비 창업자들을 위한 제도이다. 기존의 기업형 창업과는 달리 국내외 다양한 소상공인형 아이디어를 발굴하고 육성하는 제도로 성장 가능성이 높은 아이템을 중심으로 지원한다. 또한 창업의 생애주기별로 맞춤형 지원을 통해 기업가형 소상공인을 육성하는 데 그 목적을 두고 있다. 신사업창업사관학교는 전체 교육과정을 기초(역량강화)/심화(아이템구체화)/실전(사업화지원)으로 나누어 소상공인형 창업 생애주기별로 지원을 한다.

1) 신사업창업사관학교 개요

신사업창업사관학교 기초과정은 소상공인의 역량을 강화하기 위해 창업 아이템에 대한 상담 및 맞춤 코칭을 운영한다. 그리고 이후 미니 피칭 대회, 창업아카데미를 통해 창업의 기초적인 지식을 습득할 수 있다. 그리고 예비 창업자의 특화 분야 및 창업 수준별로 온·오프라인 교육을 지원한다.

다음 단계인 심화 과정은 자신의 아이템을 구체화할 수 있는 과정이다. 창업을 본격적으로 준비하는 예비 창업자들에게 아이디어 구체화 및 비즈니스모델 구축, 시제품 제작 등에 필요한 사업화 자금 500만 원을 정부자금으로 100% 지원해 준다. 또한 보육 공간도 최대 1년간 무상으로 지원함으로 안정적인 사업화를 꾀할 수 있게 도와준다.

마지막 단계는 예비 창업자의 사업화 자금을 지원하는 창업 실전 단계이다. 이 단계는 창업 임박 6개월 이내인 예비 창업자를 대상으로 사업화 자금을 최대 4천만 원(평균 1,800만 원)까지 정부자금으로 100% 지원해 준다. 또한 보육 공간도 최대 2년까지 지원하고 연계 사업 코칭 및 다양한 지원을 한다.

❶ 창업 역량강화(기초)	❷ 아이템 구체화(심화)	❸ 사업화 자금(실전)
• 창업상담 · 지도 및 코칭 • 미니 피칭대회 • 창업아카데미(교육)	• 창업준비금(3개월, 5백만원) • 보육공간 제공(필요시)	• 사업화 자금(6개월, 최대 4천만원) • 보육공간 제공(필요시) • 연계사업 코칭

신사업창업사관학교의 예비 창업자로 선발되면 4주간의 창업 교육을 받게 되는데 이때 창업에 필요한 창업 기본교육이 진행된다. 이후 체험 점포를 통해 점포경영 실습 및 분야별 창업전문가의 멘토링이 이루어진다. 또한 IT를 기반으로 한 예비 창업자가 늘어나면서 비 점포형 체험 공간, 전자상거래 체험, 홈쇼핑 및 1인 방송 교육 등의 맞춤형 교육을 진행한다. 기존의 소상공인형 예비 창업자들의 업종이 도소매를 중심으로 창업이

이루어졌다고 한다면 요즘은 1인 크리에이터, 전자상거래 등의 분야가 활성화되고 있다. 그러다 보니 신사업창업사관학교도 창업트랜드에 맞는 맞춤형 지원으로 다양화되고 있다. 선정 규모를 살펴보면 2023년의 경우 전국적으로 500명 내외를 지역별로 선정하였고 협약 기간은 2023년 5월 말에서 11월 말까지 6개월 내외로 운영하였다.

지역별 예비창업자 모집 규모(단위 : 명)

서울	부산	대구	인천	광주	대전	울산	세종	경기
60	50	40	20	40	30	30	20	30
강원	충북	충남	전북	전남	경북	경남	제주	계
20	20	20	20	20	20	30	30	500

*모집규모는 예비창업자 아이템 등에 따라 조정될 수 있음

2) 신사업창업사관학교 신청분야 및 합격사례

2022년까지 신사업창업사관학교는 소상공인형 창업으로 기업화까지 성장할 수 있는 혁신적인 아이디어를 가진 예비 창업자를 선발하였다. 업종에 대한 제한은 과밀업종과 사행성 업종 등의 정부지원사업에서 규제하는 업종을 제외하고는 창업할 수 있었다. 그런데 2023년에 들어서면서 신사업창업사관학교의 분야는 크게 세 가지 분야로 나누어지게 된다. 온라인을 기반으로 창업하는 온라인셀러형, 로컬을 기반으로 한 아이템으로 창업하는 로컬크리에이터형, 마지막으로 의식주의 혁신적인 아이템을 통해 창업하는 라이프스타일혁신형이 있다.

2023년 들어서 신사업창업사관학교의 지원 분야가 세 가지 분야로 나누어지면서 지원자들의 고민이 시작되었다. 과연 나의 업종을 어떻게 분류할 것인가에 대한 고민으로 엠엠컨설팅연구소를 찾는 사람들이 많았다. 그렇다면 어떤 기준으로 분류해야 하는지에 대해서 아래 합격사례들을 통해서 정리해보기로 하자.

신청분야	분야별 설명
온라인셀러형	온라인 기반으로 기술(IoT기술기반, 온라인플랫폼 등)과 혁신적인 창업아이템을 통해 창업
로컬크리에이터형	지역 고유의 특성과 자원을 기반으로 혁신적 아이디어를 접목하여 지역경제 활성화에 기여하는 '지역가치 창업자'로 창업
라이프스타일 혁신형	새로운 콘텐츠를 접목하여 의식주 기반의 생활양식(라이프스타일) 기업으로 창업

1) 온라인셀러형

온라인셀러형의 경우 온라인을 기반으로 혁신적인 창업 아이템을 활용한 창업을 말한다. 예를 들자면 온라인쇼핑몰로 꽃차를 만들어서 판매하는 경우 꽃차를 보관하는 창고가 있더라도 매장에 해당하지 않는다. 창고는 물건을 보관하는 용도이고 판매는 100% 온라인쇼핑몰로 하기 때문이다. 또한 매장에서 만들어서 판매하는 경우 매장판매보다 온라인판매가 주력인 경우라면 온라인셀러형에 해당된다. 예를 들어서 매장에서 휘낭시에를 만든다고 하자. 매장의 평수는 5평 이내의 공장형태로 휘낭시에를 만들기만 한다. 그리고 찾아오는 고객들에게는 포장판매만 한다. 그리고 주력은 자사몰, 오픈마켓, SNS마켓에서 판매한다. 이런 경우 매장을 가지고 있지만 주력이 온라인판매이기 때문에 온라인셀러형으로 지원해야 한다. 마지막으로 온라인플랫폼 또는 IOT 기술기반의 창업 아이템도 온라인셀러형으로 지원하면 된다.

– 온라인셀러형 합격사례

2023년 신사업창업사관학교 온라인셀러형에 합격한 나의 멘티의 사례를 보면 답이 명확하게 보인다. 아이템은 식물집사를 대상으로 한 커스텀 서비스였다. 주 고객은 식물집사 및 예비 식물집사이다. 2023년 현재 홈가드닝의 경험자를 포함한 식물 집사는 2명 중의 1명이라는 통계가 있다. 전 세계적으로 코로나 펜데믹이 쏘아 올린 식물시장 즉 가드닝시장은 매해 우상향의 성장을 거듭하고 있다. 그러다 보니 식물은 좋아하는데 식물을 잘 못 기르는 분들을 위한 커스텀 서비스를 만들게 되었다. 주 고객층을 정했고 고객들이 모여있는 플랫폼을 찾게 되었다. 그리고 그 플랫폼에 비즈니스를 런칭하게 된다. 식물집사를 꿈꾸는 고객들이 원하는 제품, 나에게 맞는 식물, 주기적인 관리서비스를 탑재해서 패키지화를 이루었다. 이후 충성된 고객들을 나의 플랫폼에 담아서 관리하고 반복적인 구매로 이어지게 하였다. 그러다 보니 자연스럽게 온라인에서 오프라인 교육과 모임이 형성되는 O2O 서비스로 전환하는 형태로 사업계획서가 작성되었다. 여기까지 작성하고 보니 지원항목은 온라인셀러형이었지만 자연스럽게 매장을 만들게 되는 수순으로 진행되었다.

그렇다면 여기서 여러분이 궁금해 하는 것이 "온라인셀러형의 경우는 매장 없이 반드시 온라인으로만 판매를 해야 할까요?"라는 것인데, 해답지 중의 하나는 주요한 비즈니스모델이 온라인셀러면 된다는 것이다. 매장이 있다 하더라도 나의 주력 판매채널이 매장이 아닌 자사몰, 오픈마켓, 클라우드펀딩, SNS쇼핑이라면 나의 신청분야는 바로 온라인셀러형인 것이다.

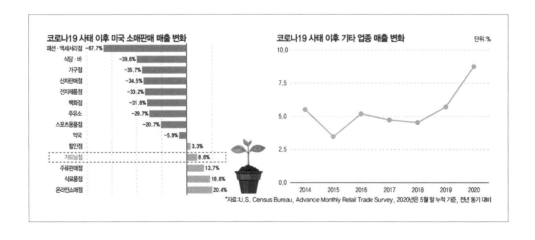

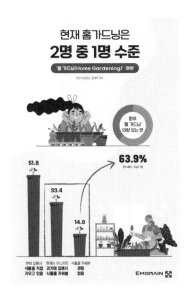

2) 로컬크리에이터형

로컬크리에이터형은 지역 고유의 특성과 자원을 기반으로 혁신적 아이디어를 접목하여 지역경제 활성화에 이바지하는 지역 가치 창업자로 창업하는 것을 말한다. 쉽게 생각해 보면 로컬 즉 나의 지역의 관광자원, 특산품, 지역 활성화 등을 활용한 아이디어가 사업화되면 합격할 수 있는 분야이다.

로컬크리에이터는 다양한 성공사례를 만들고 있는 분야로 예비창업단계에서는 신사업창업사관학교로 지원을 받고 창업 이후 로컬크리에이터로 연계해서 4천만 원의 자금지원과 멘토링을 비롯한 성공적인 창업을 유지하고 성장시킬 수 있게 정부가 지원하고 있다.

로컬크리에이터형을 선택하는 분들이 헷갈려하는 것은 창업 1년차 이후에 지원할 수 있는 로컬크리에이터사업과 신사업창업사관학교의 로컬크리에이터형의 차이이다. 정리를 하자면 신사업창업사관학교에서 지원하는 로컬크리에이터형은 말 그대로 예비창업단계의 창업아이템이 로컬을 기반으로 지역가치 창업을 하는 창업자를 지원하는 것을 말한다. 그리고 창업하고 7년 이내에 로컬크리에이터사업으로 다시 정부지원금을 받을 수 있다.

- 로컬크리에이터형 합격사례

2023년 신사업창업사업학교에 지원하는 예비 창업자의 사업계획서 컨설팅을 2022년 8월부터 시작했다. 대전에서 온 멘티는 지역의 특산품을 활용한 비건 베이커리를 아이템으로 창업하길 원했다. 나는 멘티에게 동종 업종에서 6개월 이상의 현장경험을 권했다. 이유는 아이템 자체는 합격률이 높은데 반해 대표의 역량이 너무 부족하다고 판단했기 때문이다. 다행히도 멘티는 나의 코칭대로 6개월 이상의 현장경험을 쌓았고, 현장경험을 한 덕분의 창업을 했을 때 어떤 어려움이 있을지에 대한 예측 및 문제해결 능력을 갖추게 되었다.

신사업창업사관학교에 수많은 합격생을 배출하면서 깨닫게 된 진리는 바로 합격이라는 결과보다는 지속 가능한 성공이 필요하다는 것이었다. 유튜브채널 '김상미의 창업 Talk'에서 합격보다 중요한 것이 바로 창업 아이템에 대한 경험이라고 수없이 강조했었고, 경험이 부족한 사람은 아무리 정부지원금을 받아도 지속 가능한 힘이 없어서 창업 이후 1년 안에 폐업하게 되는 경우를 많이 봐왔다. 이런 경험을 종종 겪다 보니 나의 멘티들에게 강조하는 것이 바로 사업을 유지하고 성공시킬 수 있는 노하우를 반드시 창업 전에 갖춰야 한다는 것이다. 결국 대전에서 온 나의 멘티는 비건베이커리로 창업하였고 지역 내의 비건을 즐기는 MZ세대와, 소화 능력이 떨어지는 시니어를 대상으로 창업을 할 수 있었다.

정리하자면 로컬크리에이터형으로 창업한 멘티는 로컬에서 생산하는 야채, 과일을 활용해서 베이커리, 수프, 주스 등을 만들었다. 그리고 지역 내에서 고객군을 정했고 그들을 대상으로 주력 채널인 SNS마케팅, 카카오톡채널을 활용한 고객 홍보 및 관리를 진행했다. 그리고 이후 충성고객을 통한 구독서비스까지 연결 동선을 만들어서 안정적인 매출을 만들게 된다.

로컬크리에이터형의 성공 요인을 분석해보면 첫 번째 트랜디한 아이템 선정, 두 번째는 고객에 대한 명확한 타겟팅, 세 번째는 고객이 모여있는 채널로 홍보마케팅을 하는 것이다. 그리고 가장 중요한 것은 지속 가능한 힘이 되는 경험을 쌓는 것이다.

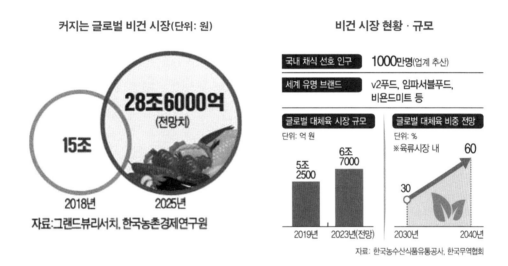

3) 라이프스타일 혁신형

라이프스타일 혁신형은 새로운 콘텐츠를 접목하여 의식주 기반(라이프) 기업으로 창업하는 것을 말한다. 2022년도를 기준으로 가장 큰 유사성이 있는 영역이지만 차별 포인트를 어떻게 잡아야 할지에 대한 고민 때문에 신사업창업사관학교에서 지원자들이 가장 어렵게 느꼈던 부분이 바로 이 영역이다. 그래서 신사업창업사관학교 라이프스타일 혁신형에 대한 솔루션을 '김상미의 창업Talk'을 통해 다양한 사례를 소개하면서, 대표적인 사례로 의식주 중에 가장 많은 지원자가 있는 '식(食)'을 중심으로 하는 밀키트 사례를 언급했었다. 코로나 펜데믹이기 때문에 밀키트 시장이 확대되었다는 말을 하는 사람들이 있는데 이는 잘못된 표현이다. 왜냐하면 밀키트는 요리의 어려움과 불편함을 싫어하는 현대인의 필수품이다. 예를 들어서 1인 가구가 된장찌개 하나를 끓이기 위해 필요한 재료를 사러 시장에 가거나 온라인으로 구매한다고 하더라도 1인분만큼의 재료만을 파는 것이 아니기때문에 적어도 2-3만 원의 비용이 든다. 그리고 정성껏 요리를 하지만 맛있다는 보장은 없다. 그런데 밀키트의 경우 만 원대 가격으로 각종 재료와 맛있는 양념장이 동봉된 다양한 메뉴의 밀키트 구매할 수 있다. 이는 내가 요리하기 위해 들이는 시간과 비용에 비해 매우 합리적인 선택이 된다.

이처럼 라이프스타일 혁신형은 우리 삶속에 불편하거나 생활에 필요한 아이템을 찾아서 이를 해결하기 위한 서비스를 기반으로 사업화를 하면 된다면 성공할 확률이 높을 것이다.

– 라이프스타일 혁신형 합격사례

라이프스타일 혁신형의 합격사례는 밀키트를 중심으로 한 비건 한식브랜드다. 주방으로부터 자유를 꿈꾸는 신혼부부 및 1인 가구 그리고 시니어를 대상으로 건강과 사회적 책임감이라는 두 가지의 문제를 해결하는 아이템이었다. 특히 행안부 조사결과 2023년 우리나라의 1인 가구는 1600만을 넘었고 전체 인구의 31%의 해당한다고 한다. 이는 조리기구나 다양한 식재료를 구입하는 것을 불편해 하는 고객군이 나타난 것이다. 그리고 배달음식에 지치고 배달비의 상승으로 더이상 배달음식을 원하지 않는 시대가 되다 보니 밀키트는 우리들의 식문화를 바꿀 수 있는 대체재가 되었다.

비건 한식브랜드를 런칭한 멘티는 요리사 경력 10년 차의 다양한 요리를 만들 수 있는 분이었다. 그러다 보니 한식 식재료를 활용하여 다양한 나라의 요리를 한식 퓨전으로 풀어낼 수 있었다. 아이템의 차별성은 융복합 판매채널, 비건 한식, 구독서비스를 중심으

로 작성했고, 매장과 온라인을 융복합하여 고객 판매를 시작했다. MZ를 중심으로 구독
서비스가 활성화되었고 매장은 시니어를 중심으로 활성화가 진행되었다. 요리사 출신이
다 보니 온라인마케팅에 대한 이해도가 낮아서 이 부분에 대한 교육이 진행되었다.

외식업을 운영하는 자영업자들의 어려움 중의 하나가 바로 온라인마케팅이다. 인스
타그램을 통해 맛집을 검색하는 고객들이 우리 매장을 스마트플레이스나 인스타그램에
서 발견하게 해야 한다. 그리고 사장님이 블로그 분야를 잘 모르기 때문에 효과적인 블
로그체험단 운영에 대해서도 미숙할 수 밖에 없는 것이다. 그러다 보니 외식업 창업을
하는 분들에게는 있어서 온라인마케팅 교육은 선택이 아닌 필수이다.

그렇게 해서 비건 한식브랜드를 창업하는 멘티는 사업계획서 컨설팅을 통해 온라인

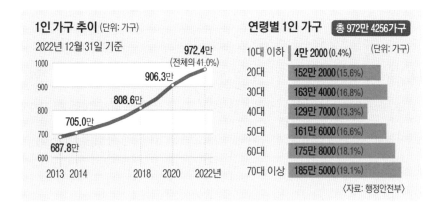

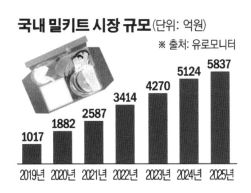

마케팅을 포함해서 필요한 역량을 갖추게 되었다. 신사업창업사관학교를 준비하는 모든 분이 알고 있는 것처럼 식당과 카페는 '과밀업종'에 해당하다 보니 정부지원금을 받을 수 없는 것이 사실이다. 그런데 그냥 식당이 아닌 융복합 마케팅채널, 구독서비스 등의 혁신적인 방법을 접목시켜 아이템을 고도화 시킨다면 신사업창업사관학교에 대한 합격은 어려운 일이 아니다.

로컬크리에이터 사업으로
4천만 원 지원받기

● ● ●

1) 로컬크리에이터 개요

창업 7년 이하의 소상공인을 대상으로 정부가 지원하는 대표적인 사업은 로컬크리에이터 지원 사업이다. 이 사업은 중기부가 2020년부터 지역경제 활성화와 지역 청년의 창업 기회를 확대하고 지역 가치 창업가를 발굴 및 육성하기 위해 마련한 제도이다. 개인적으로는 2022년 로컬인서울 심사위원과 멘토링을 통해 이 사업에 대한 현주소를 알게 된 계기가 되기도 했다.

로컬인서울의 경우 서울시 로컬브랜드 상권을 5개 지역으로 나누고 해당 지역의 가능성을 기회로 라이프스타일을 반영한 로컬브랜드를 발굴하는 사업이었다. 선발 대상은 19세에서 39세까지였고 로컬 라이프스타일을 만들어 갈 창의적 소상공인 및 로컬 창업가를 선발하였다. 서울시 로컬브랜드 상권은 중구 장충단길, 마포 함마르뜨, 구로 오류버들, 영등포 선유로운, 서초 양재천길 상권이었다. 서류와 대면 심사를 통해 선발된 개인 또는 팀들은 2022년 9월부터 그해 12월까지 창업 교육 및 전문가의 멘토링이 진행되었고 2023년 창업을 하게 되었다.

　2022년도는 7년 이내의 기 창업자를 대상으로 사업화 자금을 4천만 원 지원하였다. 그리고 2023년부터는 로컬크리에이터(개인)트랙을 전체 사업자로 확대하였다. 또한 로컬크리에이터 지원자 중 예비 창업자의 경우 앞서 설명한 신사업창업사관학교 사업의 로컬크리에이터 트랙을 통해 지원할 예정이다. 로컬크리에이터의 예비 창업 과정으로 지원할 경우 사업화 자금은 최대 3천만 원을 지원한다. 그리고 창업 다음 해에 로컬크리에이터 사업 신청 시 서면 평가를 면제하고 단계별 성장을 지원할 예정이다.

　올해(2023년) 선정된 로컬크리에이터(개인과 기업)의 경우 강한 소상공인 지원사업의 로컬브랜드 트랙과 매칭 융자 지원사업을 연계해서 최대 1억까지 사업화 자금을 지원받을 수 있다. 단 1억의 지원금은 융자의 형태로 지원되며 민간자금 유치를 통해 최대 5억까지 정책자금을 받을 수 있다. 그러다 보니 소상공인형 창업으로 시작하지만, 기업형 소상공인을 육성하는 정부 시책과 부합한다면 다양한 혜택을 누릴 수 있다.

　2022년도 로컬크리에이터로 지원받았던 790개 사의 매출이 1,644억 원, 신규고용 1,530명, 투자유치 206억 원의 성과를 냈다. 정부는 로컬크리에이터 사업을 통해 소상공인형 창업으로 시작한 업체들이 기업형으로 성장할 수 있도록 다양한 기회를 제공하고 있다. 더욱 주도면밀하게 사업계획을 세우고 정부 지원사업을 잘 활용한다면 기대보다 빠른 성장을 만들어 낼 수 있을 것이다. 다음은 로컬크리에이터 지원사업을 받을 수 있는 '로컬크리에이터'의 정의 및 요건에 대해서 알아보고 나에게 맞는 분야를 정해보도록 하자.

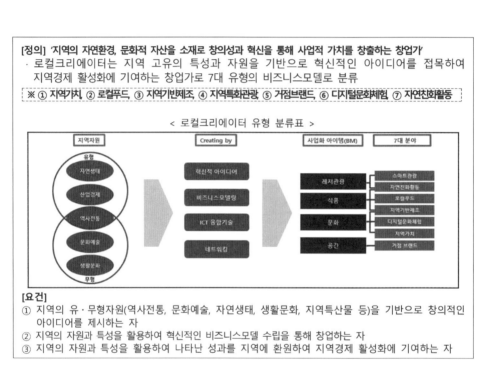

로컬크리에이터 개념

로컬크리에이터의 정의는 위에 열거한 거처럼 지역의 자연과 문화 특성을 소재로 혁신적인 아이디어를 결합해 사업적 가치를 창출하는 창업가를 말한다. 여기서 지역의 자연과 문화 특성을 소재로 혁신적인 아이디어라는 부분을 주목해야 한다. 단순한 창업아이템이 아니라 지역을 기반으로 한 아이템으로 지역 활성화라는 결과를 만들어 낼 수 있어야 한다. 로컬크리에이터를 정의할 수 있는 핵심키워드로는 로컬, 청년, 경제 활성화 등이 있는데 지자체별로 청년을 중심으로 로컬 7대분야를 아이템으로 경제활성화를 이루어가고 있기 때문이다.

2022년 로컬인서울의 경우를 보더라도 지역경제활성화에 기여하고 있는 맛집, 트랜드를 반영한 패션, 복합문화공간을 만들어가는 창업가들을 선정하여 사업을 운영하고 있다. 로컬크리에이터는 다른 정부지원사업과는 달리 지역밀착형으로 지역의 7대분야를 소재로 지역가치를 만들고 지역 활성화를 만들어 가는 창업가를 뜻한다.

로컬크리에이터의 7대 분야

구분	내용
지역가치	• 지역의 문화나 고유특성을 기반으로 혁신적인 아이디어를 융합하여 새로운 경제적 · 문화적 가치를 창출
	• (기대효과) 플랫폼과 더불어 콘텐츠의 중요성이 더욱 강조되므로, 지역을 콘텐츠화하여 다양한 비대면 비즈니스모델 창출이 가능
로컬푸드	• 지역의 특산물, 미활용 작물 등 농수산물을 활용한 식품가공 및 유통
	• (기대효과) 위생적인 환경에서 재배되는 스마트팜이나, 농수산 산지와 연결된 구독경제, 종자개발부터 유통 · 제조 · 판매 등이 다양하게 결합된 6차산업 발전
지역기반제조	• 지역에서 생산되는 소재를 활용하거나 지역특색을 반영한 제조업
	• (기대효과) 수공업과 DIY 활동 증가가 예상되며, 이를 로컬제조업으로 육성
지역특화관광	• 관광자원(자연환경, 여행지 등)을 활용하여 해당지역으로 관광객 유입 확대 • 지역 방문을 위한 원스톱 서비스 및 자연생태계의 지속가능성
	• (기대효과) VR 등을 활용한 가상 관광, 체험 등의 관광 수요증가 예상
거점브랜드	• 지역 내 복합문화공간 등 지역거점 역할 • 지역성과 희소성을 기반으로 지역의 가치를 재창출
	• (기대효과) 쇼핑은 온라인 쇼핑으로 대체, 오프라인 소비는 단순소비보다는 가치소비(Meaning Out)가 중요해져 지역별 거점브랜드 육성이 필요
디지털 문화체험	• 지역별로 역사와 문화가 담긴 유적지와 문화재 등을 과학 기술 및 ICT를 활용하여 재해석 또는 체험
	• (기대효과) AR, VR 등과 결합된 디지털 문화체험 콘텐츠 시장 확대 예상

자연친화활동	• 지역별로 상이한 자연환경(바다, 산, 강 등)에서 진행되는 서핑, 캠핑 등 아웃도어 활동을 위한 다양한 사업모델
	• (기대효과) 집단적 활동(테마파크 등)보다는 가족 또는 나홀로 단위의 레저활동(캠핑, 글램핑 등)의 수요증가 예상

로컬크리에이터에 지원할 수 있는 분야를 살펴보면 위의 표와 같이 7대 분야로 내용을 정리할 수 있다. 위의 표에 있는 분야를 사업화하여 로컬크리에이터로 사업계획서를 작성해서 지원해야 한다. 그런데 대부분의 소상공인형 기창업자의 경우 위의 내용을 기반으로 사업계획서를 작성하는 것을 어렵게 생각한다. 이유는 사업계획서를 작성해 본 경험이 적고 위의 분야에 대한 이해도가 낮기 때문이다. 그런데 앞장에서도 이야기했듯이 정부지원사업은 용어 이해가 매우 중요하기 때문에 실제 사례들을 보면서 나의 아이템에 대한 사업계획서를 작성하는 훈련이 필요하다.

예를들어 위의 7대 분야중에 로컬푸드, 지역기반 제조의 분야로 사업계획서를 작성해보자. 경상북도 상주에서 생강을 재배하는 창업가가 생강을 가지고 진저티, 진저쿠키를 만든다고 가정해 볼 때, 이 사람이 로컬크리에이터로 창업한다면 지역에서 생산하는 생강을 활용하다 보니 로컬푸드에 해당한다. 그리고 생강을 가지고 다양한 가공품을 만들어서 전국 판매를 한다고 하면 가공품을 만들기 위한 제조시설을 만들어야 함으로 지역기반 제조에 해당한다.

다른 사례를 하나 더 들자면 제주도에 디자인, 출판, 카페등을 운영하는 업체들이 모여서 제주도를 기반으로 한 콘텐츠를 활용해서 디자인물을 만들고 출판도 하고 문화예술 관련된 작업을 한다고 할 때, 이 공간은 카페로도 활용되지만 다양한 복합문화활동을 하는 장소로 활용된다. 그러면 이 사업은 지역거점브랜드에 해당한다.

로컬크리에이터는 단순하게 하나의 아이템으로 창업되지는 않는다. 물론 위의 7대 분야별로 창업도 가능하지만 소상공인형 창업이다보니 다소 겹치거나 융복합되는 경우들이 있다. 하지만 여기서 가장 중요한 포인트는 바로 지역콘텐츠를 활용해서 지역가치를 만들어 내는 것이다.

2) 로컬크리에이터 성공사례

2022년도 우수 로컬크리에이터로 선정된 업체들을 분석해보면 그 답이 나오게 된다. 기업형이 아닌 강한 소상공인을 만들고 지역의 활성화, 특산품 판매, 관광자원 개발 등을 활용한 좋은 사례임을 보게 된다.

첫 번째 소개할 곳은 깨 로스터리 옥희방앗간이다. 여행잡지 에디터로 근무하던 문○○ 대표는 코로나 펜데믹 때 경영이 어려워진 부모님의 방앗간을 돕겠다는 생각에서 창업을 하게 된다.

옥희방앗간은 깨를 아이템으로 깨도 커피처럼 로스팅 시간, 온도에 따라 맛이 달라지는 것에 착안해서 깨 로스터리 방앗간을 만들게 된다. 그녀는 처음부터 카페를 할 생각은 아니었지만, 할머니들이 들깻가루를 우유에 타서 마시던 것에 착안해서 연구 끝에 '들깨라떼'를 개발하게 되었다. 그리고 깨를 주재료로 한 경험식 문화공간 "옥희방앗간"을 만들게 된다. 전통시장에서 가장 마지막에 문을 닫는 업종이 바로 방앗간이다. 그러다 보니 방앗간은 우리 생활에 매우 밀접한 식품을 제공하는 곳이고 이 아이템으로 성공한

청년창업가가 많은 업종이기도 하다.

두 번째 사례는 민간 정원 '3917마중'이다. 마중은 복합문화공간으로 4천 평의 민간 정원과 고택을 한옥스테이와 카페로 개발하게 되었다. 기○○ 대표와 남편은 두 분이 오랜 시간을 들여 일곱 채의 고택을 복원하고 수익성이 있는 사업화를 이루게 된다. 또한 산림청에서 인증한 전라남도 제16호 민간 정원이고 나주에서는 첫 번째 민간 정원이 되었다. 이렇게 오랜 시간 부부가 좋아하는 공간을 만들고 이후 이 공간은 로컬의 관광과 경제 활성화를 이룬 성공적인 로컬브랜딩 사례가 되었다.

이렇게 로컬크리에이터는 나의 고향, 현재 내가 거주하고 있는 지역을 중심으로 사업을 구상하는 것이다. 지역 가치, 로컬푸드, 지역기반 제조, 지역 특화 관광, 거점 브랜드, 복합문화체험, 자연 친화 활동 등을 중심으로 비즈니스 모델링을 하면 된다.

3) 로컬크리에이터 활성화 지원사업

로컬크리에이터 사업이 창업 후 7년 이내의 사업자를 지원하는 사업이었다면 로컬크리에이터 활성화 지원사업은 대표기업을 포함한 팀을 지원하는 사업이다. 로컬크리에이터의 자격조건을 갖춘 소상공인 기업이 대표기업이 되어 2개사(대표기업 포함) 이상의 팀으로 구성하고 사업을 신청하면 된다. 지원금의 규모는 최대 7천만 원까지 지원하고 지원된 자금은 연계 아이템 개발 및 비즈니스모델 구체화, 브랜딩, 멘토링, 마케팅 등 협업 과제 수행에 사용할 수 있다. 또한 선발된 업체는 주관기관과 협약 시 대응자금(자기부담금)이 발생할 수 있고 평가에 따라 사업화 자금은 차등 지급될 수 있는 점을 인지하고 있어야 한다.

로컬크리에이터 협업을 통한 활성화 지원금을 받은 업체들을 살펴보면 지역 내 경제 활성화 또는 지역 내 청년 일자리 창출 등 명확한 성과들을 보이고 있다. 그러다 보니 본 사업에 지원할 때 우리 팀의 강점과 지역 기여도에 대한 명확한 사업모델을 만드는 것이 우선시 되어야 한다.

　로컬크리에이터의 대표적인 성공기업은 바로 제주맥주이다. 제주맥주의 경우 로컬크리에이터 이후 후속 사업을 통해 거점 브랜드에서 글로벌 브랜드로 성장하게 된 좋은 사례이다. 제주맥주는 2017년 8월 세계적인 맥주회사인 브루클린 브루어리의 아시아 첫 자매회사가 되었고 런칭 3년 만에 전국 5대 편의점에 입점했다. 기존의 대형 맥주 브랜드와는 다른 전략으로 국내 맥주 시장의 다양화를 만들어 낸 주인공이 바로 제주맥주이다. 그런데 이 제주맥주의 비즈니스의 힘은 여기서 멈추지 않았다. 제주맥주의 성공을 만든 또 하나의 사업이 바로 로컬크리에이터 활성화 지원사업이었다.

　2020년 중소벤처기업부의 로컬크리에이터 활성화 사업을 통해 지원금 전액을 활용해서 제주맥주 한 달 살기 프로젝트를 진행했다. 국내 여행지 인기도 1위인 제주도에서 제주맥주 단기간 근무를 통한 한 달 살기를 할 수 있다는 것은 굉장히 매력적인 제안이었다. 이후 제주맥주는 중소벤처기업부 예비 유니콘 특별보증 지원 대상으로 선정되어 80억을 지원받게 되었다,

　제주맥주는 2020년 연 매출 약 320억 원으로 전년 대비 2배 이상의 성장을 만들게 된다. 그리고 제주도에 양조장 증설 완료로 연간 맥주 생산량의 6배 이상 증가 될 예정이다. 이렇게 지역 가치, 지역 제조, 관광객 유치, 단기 일자리 창출 등의 요소들이 더해지면서 제주맥주는 제주도를 대표하는 브랜드가 된다.

　이처럼 로컬크리에이터 활성화 지원사업은 지역, 청년, 경제 활성화라는 키워드로 같은 목표를 가진 창업가들에게 좋은 기회가 되리라고 기대된다. 제주맥주같은 또 다른 사례들이 나오기 위해서는 우리 팀의 강점과 지역 기여도라는 두 가지 측면에서 명확한 답안지를 가지고 출발해야 한다.

Chapter 4
예비창업패키지/신사업창업사관학교
사업계획서 작성법

정부지원사업 사업계획서 작성법

정부지원사업 사업계획서를 컨설팅하면서 가장 큰 고민은 창업하지 말아야 하는 분들이 컨설팅을 받으러 오는 것이다. 이런 경우 전화컨설팅 단계에서 창업을 위해 필요한 항목을 체크해준다. 그리고 현재 창업하기 위해 어느 정도를 준비했는지 자가진단을 할수 있게 한다. 자가진단이 끝난 멘티들은 사업계획서 컨설팅 이전에 준비해야 하는 단계를 체크하고 다시 창업을 위한 사항들을 준비하고 컨설팅을 진행하게 된다. 이렇게 정부지원사업을 통해 창업을 준비하는 분들은 이런 과정을 겪으면서 쉽게 생각했던 창업이 얼마나 어려운지를 깨닫게 된다.

또 다른 경우는 창업 의지는 있는데 마땅한 아이템이 없는 경우의 분들도 있는데, 이런 분들에게는 최신 트랜드의 창업 아이템을 소개해 준다. 그리고 트랜드에 맞는 창업 아이템으로 사업계획서를 작성하게 되면 그때부터 본격적인 컨설팅이 시작된다.

정부지원 사업계획서 컨설팅은 평균 2개월 정도 시간으로 진행하게 되는데 이때 병행하는 것이 바로 사업계획서에 맞는 경험치를 만들어 가는 작업이다. 내가 창업하고자 하는 아이템에 대한 경험이 전혀 없이 사업계획서만 잘 작성한다고 해서 사업에 성공하는 것은 아니다. 그러다 보니 사업계획서 작성과 현장경험을 반드시 병행해야 하는 것이다.

이렇게 아이템에 대한 대표의 경험과 함께 사업계획서가 작성된다면 서류심사까지의 준비는 완료된다. 이 과정에서 아래 체크리스트를 중심으로 작성된 사업계획서의 고도화작업을 지속하면 된다.

성공적인 창업을 위한 체크리스트

No.	체크리스트(내용)	체크	
1	나의 아이템 또는 서비스의 혁신성	☐Yes	☐No
2	창업하고자 하는 분야의 경험	☐Yes	☐No
3	나의 아이템 또는 서비스에 대한 시장분석	☐Yes	☐No
4	명확한 고객선정	☐Yes	☐No
5	고객의 선호도가 높은 구매 채널	☐Yes	☐No
6	시제품 및 서비스의 시장테스트	☐Yes	☐No
7	홍보마케팅 전략	☐Yes	☐No
8	최종 산출물	☐Yes	☐No
9	자금	☐Yes	☐No
10	스캐줄링	☐Yes	☐No

위의 창업 체크리스트에 해당하는 부분을 준비했다면 여러분은 창업 이후 1년 정도의 시간을 알차게 보낼 수 있을 것이다. 왜냐하면, 기본적으로 나의 아이템과 서비스를 기획하고 최종 산출물을 만들어 내는 시간이 바로 1년이기 때문이다. 그리고 우리가 주력으로 준비하는 예비창업패키지의 지원 기간이 모집부터 실행까지 연 단위로 진행하는

것과 일맥상통한다.

　　여기까지 준비가 되었다면 이제부터 여러분은 사업계획서를 작성할 수 있는 준비를 마친 것이다. 사업계획서는 크게 두 가지로 나누어서 설명할 예정인데 첫 번째는 기업형 창업을 하는 예비창업패키지이고 두 번째는 소상공인형 창업인 신사업창업사관학교이다.

　　이 두 가지 창업 사업계획서의 공통점을 간단하게 정리해보면 창업 아이템, 시장분석, 홍보마케팅, 자금, 스캐쥴 등으로 나누어서 구성할 수 있다. 예비창업패키지는 사업성이 있는 아이템의 제품화 또는 앱서비스 런칭을 통한 사업화 준비단계까지를 지원한다. 이후 초기창업패키지, 도약패키지 등을 통해 사업화 및 사업 확장을 지원하는 제도이다. 그러다 보니 예비창업단계에서는 큰 매출을 일으키기 어렵다. 단, 창업 분야의 경험이 많은 분들은 매출을 미리 챙겨놓고 정부지원사업을 통해 예비창업을 하고 바로 우수 기업선정을 통해 초기창업패키지로 연속지원을 받는 경우를 보기도 한다. 하지만 일반적인 사례가 아니므로 우리는 위의 체크리스트 내용을 잘 체크해서 나의 사업계획서를 작성해야 한다.

　　소상공인형 창업을 지원하는 신사업창업사관학교의 핵심은 '나의 아이템의 차별성' 즉 경쟁 아이템 대비 나의 강점 및 경쟁력을 명확하게 찾아야 한다. 그리고 마지막으로 판매방식에 있어서 기존처럼 단순 매장판매 또는 온라인 판매형태가 아닌 트랜드에 맞는 판매방식을 선택해서 작성해야 한다.

　　정부지원사업 사업계획서 작성은 생각보다 어렵지 않은데 문제는 처음이다 보니 정부지원사업의 용어를 이해하고, 심사위원들이 이해할 수 있는 언어로 작성해야 한다는 것이 어려운 점이다. 그래서 이번 장은 기존에 정부지원사업 사업계획서 컨설팅을 진행했던 것처럼 각 단계별로 설명해주는 방식으로 구성해 보았다. 처음이라 어려움이 있겠지만, 점차 용어가 익숙해 지면서 각자의 방식으로 자신의 아이템에 대한 차별성 및 혁신성을 정리하고, 공공데이터를 비롯한 빅데이터를 찾는 방법들을 만나게 될 것이다. 그렇게 나만의 사업계획서를 작성하는데 도움이 되길 바라면서 이제부터 정부지원 사업계획서 작성을 시작해보도록 하자.

1. 예비창업패키지/창업중심대학 사업계획서

1) 신청현황

– 예비창업패키지 신청현황 작성법

□ 신청현황

※ 정부지원금은 최대 1억원, 평균 0.5억원 한도 이내로 작성
※ 정부지원금은 평가결과에 따라 신청금액 대비 감액될 수 있으며 신청금액을 초과하여 지급될 수 없음

신청 주관기관명		주관기관명	과제번호 (사업신청내역조회)		00000000	
신청 분야(택 1)		□ 일반	□		□ 특화	
사업 분야(택 1)		□ 제조	□ 지식서비스		□ 융합	
기술 분야(택 1)		□ 공예 · 디자인	□ 기계 · 소재		□ 바이오 · 의료 · 생명	
		□ 에너지 · 자원	□ 전기 · 전자		□ 정보 · 통신	
		□ 화공 · 섬유				
사업비 구성계획	정부 지원금	00백만원				
주요성과 (직전년도)	고용		성과 목표 (협약기간)	고용	00명	
	매출			매출	00백만원	
	투자			투자	00백만원	

예비창업패키지는 혁신기술창업 아이템을 보유한 예비창업자의 성공 창업을 지원하여 양질의 일자리를 창출하는 것을 목표로 한다. 그러다 보니 신청현황에서 작성 포인트는 두 가지가 있는데 첫 번째는 사업비 구성과 성과목표이다. 정부지원금 100%를 활용해서 사업을 하라고 했지만, 투자라는 항목이 신설된 이유를 파악해야 한다. 왜냐하면 2022년까지는 7:3 비율로 정부지원금과 대응자금이 있었다. 하지만 2023년 들어서 국가지원 100%라고 하지만 투자금을 전혀 적지 않게 되면 사업 유지에 대한 책임감, 자금 위기에 대한 대응력이 떨어진다고 판단할 수 있다. 그러다 보니 대응자금 개념의 자금은 필수로 작성해야 한다. 그리고 두 번째는 고용 부분인데 예비창업패키지의 목적을 살펴보면 창업자의 성공과 그로 인한 양질의 일자리 창출이라는 항목이 있다. 정부 입장에서는 창업자의 숫자와 일자리 창출이라는 두 마리 토끼를 잡을 계획이다. 그럼 우리는 고용 인원을 어떻게 작성해야 하는지 알 수 있다.

- **과제번호** 이 부분은 창업자가 작성하지 않는 항목임.
- **신청분야 및 사업분야** 창업 아이템에 맞게 선택함
- **사업비 구성계획** 정부지원금 100%로 작성함.
- **매출계획**은 사업 당해년도 포함 3년간 작성.
  단, **투자**는 전체 사업계획 내 사용금액으로 작성.

– 창업중심대학 신청현황 작성법

□ 신청현황

※ 정부지원금은 총 사업비의 70% 이하, 대응자금(현금)은 10% 이상, 대응자금(현물)은 20% 이하로 작성
※ 정부지원금은 평가결과에 따라 신청금액 대비 감액될 수 있으며 신청금액을 초과하여 지급될 수 없음

과제번호 (사업신청내역조회)			00000000				
사업 분야(택 1)			□ 제조	□ 지식서비스		□ 융합	
기술 분야(택 1)			□ 공예 · 디자인	□ 기계 · 소재		□ 바이오 · 의료 · 생명	
			□ 에너지 · 자원	□ 전기 · 전자		□ 정보 · 통신	
			□ 화공 · 섬유				
사업비 구성 계획	정부지원금		00백만원		합 계		00백만원
	대응 자금	현금	00백만원				
		현물	00백만원				
주요성과 (직전년도)		고용	00명	성과 목표 (협약기간)		고용	00명
		매출	00백만원			매출	00백만원
		투자	00백만원			투자	00백만원

　　창업중심대학의 신청현황은 과제번호를 제외하고 사업 분야, 기술 분야 및 사업비, 성과목표를 작성해야 한다. 그런데 여기서 유의할 것은 2023년도에 전년도 대비 달라진 고용목표와 투자라는 부분을 유의해서 작성해야 한다. 왜냐하면 창업패키지 예비단계와 같은 목적이 있다 보니 예비사업자의 성공과 양질의 일자리 창출이라는 부분을 고려해서 작성하는 것이 중요하다. 또한 대응자금은 없어도 투자를 통해 성실하게 사업을 영위해 가겠다는 의지를 투자 부분으로 보여줄 필요가 있다.

2) 일반현황

– 예비창업패키지 일반현황 작성법

□ 일반현황

창업아이템명	OO기술이 적용된 OO기능의(혜택을 제공하는) OO제품 · 서비스 등			
산출물 (협약기간 내 목표)	모바일 어플리케이션(O개), 웹사이트(O개) ※ 협약기간 내 최종 제작 · 개발 완료할 최종 생산품의 형태, 수량 등 기재			
직업 (직장명 기재 불가)	교수 / 연구원 / 사무직 / 일반인 / 대학생 등	기업(예정)명		OOOOO
(예비)창업팀 구성 현황(대표자 본인 제외)				
순번	직위	담당 업무	보유역량(경력 및 학력 등)	구성 상태
1	공동대표	S/W 개발 총괄	OO학 박사, OO학과 교수 재직(OO년)	완료
2	대리	홍보 및 마케팅	OO학 학사, OO 관련 경력(OO년 이상)	예정('OO.0)
...				

창업아이템명은 나의 아이템을 설명하는 형식으로 작성한다. 이유는 심사위원들 입장에서 생각해보면 사업계획서만 보고 사업을 100% 이해하기 어렵다. 그러다 보니 창업아이템명부터 사업계획서 전체를 알아보기 쉽게 작성해야 한다. 합격한 사업계획서의 예를 들어 '건강검진을 활용한 영양제 맞춤 서비스'와 같은 아이템명은 누가 봐도 이해가 되는 제목이다.

산출물의 경우 예비창업패키지 협약 기간 8개월 이내에 만들어 내는 산출물을 적는 부분이다. 예를 들자면 '반려견 슬개골탈구 영양제, 다이어트 앱, 1인 가구용 식단프로그램처럼 창업 아이템의 결과물을 적는다.

마지막으로 창업팀 구성현황인데 이 항목은 창업 아이템을 구현하기 위한 필요인력을 적는 부분이다. 추후 정규직 입사 또는 프리랜서로 합류할 수 있는 필요인력을 적으면 된다.

– 창업중심대학 일반현황 작성법

□ 일반현황

창업아이템명	OO기술이 적용된 OO기능의(혜택을 제공하는) OO제품 · 서비스 등			
산출물 (협약기간 내 목표)	모바일 어플리케이션(1개), 웹사이트(1개) ※ 협약기간 내 최종 개발/개선 완료할 최종 제품 · 서비스의 형태, 수량 등 기재			
기업명	OOOOO	개업연월일 (회사성립연월일)	※ 개인:개업연월일 ※ 법인:회사성립연월일	
사업자 구분 (모집마감일 기준)	개인사업자 / 법인사업자 / 공동 · 각자대표(개인 · 법인)	사업장 소재지 (본사(점))	OO도 OO시 · 군	
사업자등록번호		법인등록번호	해당 시	

기업 구성 현황(대표자 본인 제외 공동 · 각자대표 포함)				
연번	직위	담당 업무	보유역량(경력 및 학력 등)	구성 상태
1	공동대표	S/W 개발 총괄	OO학 박사, OO학과 교수 재직(00년)	완료
2	대리	해외 영업	OO학 학사, OO 관련 경력(00년 이상)	예정('00.0)
...				

창업중심대학의 일반현황은 창업의 아이템명과 협약 기간 이내에 만들어 낼 결과물, 창업자의 직업과 기업명과 팀원들을 소개하는 부분이다. 창업아이템명은 내가 만들고자 하는 결과물을 설명하는 형식으로 작성하면 된다. 예를 들어서 '위치기반 반려동물 돌봄

시터 서비스업'이라는 아이템명은 나의 위치를 기반으로 반려동물을 돌봐주는 시터를 연결하는 서비스를 말한다. 이렇게 내가 만들고자 하는 아이템 또는 서비스를 알기 쉽게 풀어서 작성해주면 된다.

산출물은 협약 기간 내에 만들어 낼 수 있는 결과물인데 애플리케이션, 기구 등 나의 창업 아이템에 대한 결과물을 작성하면 된다. 기업명은 사업자등록증을 발급하기 전에 변경이 가능한 항목이라 자유롭게 작성하면 된다.

마지막 기업 구성 현황은 매우 중요한 항목이다. 예를 들어서 내가 사업을 영위해 나감에 있어서 필요한 팀을 구성하는 단계이다 보니 팀원의 담당업무 및 보유역량을 명확하고 간략하게 작성해야 한다.

3) 창업 아이템 개요

① 명칭과 범주(공통)

명칭	예시1 : 게토레이 예시2 : Windows 예시3 : 알파고	범주	예시1 : 스포츠음료 예시2 : OS(운영체계) 예시3: 인공지능프로그램

명칭은 창업자가 생각하는 컨셉을 나타내는 것이고 범주는 소비자의 사용 목적이 동일한 제품의 집합을 의미한다.

예를 들어 간에 좋은 밀크씨슬과 비타민을 결합한 액상 음료의 명칭은 '밀크타민'이고 범주는 건강기능식품이다. 여기서 창업자들이 고민하는 것은 명칭이 확정된 제품명이라고 생각하는 경우가 있다. 하지만 제품명은 추후에 상표등록 단계에서 새롭게 정할 수 있기 때문에 아이템의 컨셉을 담은 것을 표현하면 된다.

② 아이템개요(공통)

아이템 개요	※ 본 지원사업을 통해 개발 또는 구체화하고자 하는 제품·서비스 개요(사용 용도, 사양, 가격 등), 핵심 기능·성능, 고객 제공 혜택 등 ※ 예시 : 가벼움(고객 제공 혜택)을 위해서 용량을 줄이는 재료(핵심 기능)을 사용

창업하고자 하는 제품이나 서비스의 개요이며 구현하고자 하는 핵심기능을 간략하게 작성하는 부분이다. 이 부분에서는 나의 비즈니스모델(BM)을 간단하게 도식화해서 보여주는 것도 좋은데 대부분 예비창업자들이 힘들어하는 단계이다. 여기서 말하는 비즈니스모델은 아이템을 중심으로 B to C(기업과 개인 간의 거래) 또는 B to B(기업과 기업 간의 거래)를 도식화해서 설명하는 것이다. 그리고 아이템과 서비스의 혁신성에 관해, 그리고 본 아이템이 고객 입장에서 볼 때 기존 제품과의 차별점이 무엇인지 명확하게 전달될 수 있도록 설명을 해야 한다.

예를 들어서 1인 가구를 대상으로 매장과 온라인몰을 활용해서 밀키트 사업을 운영한다고 하자. 여기서 매장 구매고객과 온라인몰 구매고객은 C라고 쓴다. 그리고 매장과 온라인몰은 내가 운영하는 B에 해당한다. 마지막으로 나에게 밀키트를 납품하는 공장은 B라고 쓴다. 이 부분에 대한 도식화는 아래와 같다.

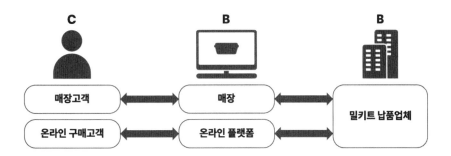

③ 배경 및 필요성 : 문제 인식, 팀 구성(공통)

배경 및 필요성 (문제인식, 팀구성)	※ 제품·서비스 개발 또는 구체화 필요성과 해결방안, 주요 목적 등 ※ 제품·서비스 목표시장(고객) 설정, 목표시장(고객) 현황, 요구사항 분석

배경 및 필요성 부분에서는 창업자가 생각하는 시장의 문제점 및 고객의 애로사항에 대한 부분을 적어야 한다. 내가 개발하고자 하는 상품 또는 서비스가 이 문제를 해결할 수 있는 솔루션이라는 점을 강조하여 언급하는 것이다. 예를 들어 아이템 부분을 개요에 적었다면 이 아이템을 통해 시장의 문제와 소비자의 애로사항을 어떻게 해결할 수 있을지에 대한 내용을 적는 것이다.

예를 들어 신입 교사들은 학교의 행정업무와 학생 교육 및 관리업무를 잘 해내기가 어려울 수 있다. 그럴 때 기존 베테랑 교사들의 학습 교안 및 학급운영 비결을 앱에서 살 수 있다면 많은 도움이 될 것이다. 그렇다면 팀원은 어떻게 구성하는 것이 좋을지 생각해보자. 예를 들어서 솔루션을 주는 사람으로 교사경력 10년 이상의 팀원, 이 자료를 앱에 올릴 수 있는 프로그래머, 교사들의 커뮤니티를 운영하는 운영자, 홍보마케팅 전문가를 팀원으로 구성해 보자. 이렇게 구성된 팀은 신입 교사가 겪어야 하는 애로사항과 전국의 교사들의 업무 과중으로 발생하는 낮은 품질의 교육 서비스를 개선해 줄 수 있는 솔루션이 될 것이다.

④ 현황 및 구체화 방안 : 실현 가능성(공통)

현황 및 구체화 방안 (실현가능성)	※ 사업참여 이전 창업, 아이템 개발 또는 구체화 준비 현황 등 ※ 협약기간 내 개발 또는 구체화 예정인 최종 산출물(형태, 수량 등) ※ 대표자, 팀원, 외부 협력기관 등 역량 활용 계획 등

현황 및 구체화 방안은 사업기간(협약기간) 내에 창업자의 제품 또는 서비스에 대한 실행을 통해 최종 산출물을 만들어 내는 과정을 적는 부분이다. 또한 보유역량을 기반으로 창업자의 아이템의 차별화 요인을 설명하되 스펙, 핵심기능, 성능, 고객 제공 혜택 등 다양한 측면에서 작성해야 한다. 그리고 차별화를 실현할 수 있는 보유역량은 특허(구성, 공정 등)를 비롯한 물리적 역량뿐만 아니라, 콘텐츠 등 소프트웨어적 역량도 모두 포함해서 작성한다. 마지막으로 대표자를 비롯한 팀원, 외부 협력 기관 등의 역량을 활용한 실행계획을 작성해야 한다.

예를 들어서 농업분야 전공자인 대표자가 생명공학 관련된 특허권이 있고 팀원들은 식물재배에 최적화된 솔루션을 만들어 본 사람들이 모였다. 이 팀이 만들고자 하는 아이템은 식물의 뿌리를 배양하는 기술이다. 즉, 절화(가지째 꽃을 꺾음)의 뿌리를 내리는 기술을 개발하고자 한다. 절화의 뿌리를 내리기 위해서 절화를 심을 수 있는 식물 팩과 배양을 위한 영양성분과 적합한 환경을 구성하는 기술이 필요하다. 이 경우 현황은 기술력이 있는 대표와 팀원들이 협약 기간 내에 아이템 개발을 위한 타임테이블을 작성하는 것이다. 그리고 식물 팩의 시장조사를 통해 우리 제품의 디자인, 성능, 고객 편의성 부분의 장점을 살려서 디자인하고 차별적 기능을 장착하고 최종 제품을 만든다. 또한 이렇게 만들어진 식물 팩과 배양환경(식물배양케이스)에 대한 특허를 출원하고 그 내용을 적어주면 된다.

⑤ 목표시장 및 사업화전략 : 성장전략(공통)

목표시장 및 사업화 전략 (성장전략)	※ 본 사업 참여 시 개발 또는 구체화할 아이템의 수익화 모델(비즈니스 모델)
	※ 목표시장(고객) 확보 및 사업화 성과 창출 전략
	※ 경쟁제품 · 서비스 대비 자사 제품 · 서비스의 차별성, 경쟁력(보유역량) 등

목표시장과 사업화전략은 창업자의 제품 또는 서비스가 진출해야 하는 시장을 정의하고 시장을 분석하여 작성한다. 시장은 전체시장(TAM), 유효시장(SAM), 수익시장(SOM)으로 나누고 예비창업단계에서는 내가 진출할 수익시장을 중심으로 작성한다. 또한 사업단계에서 추진하고자 하는 목표, 추진 일정, 소요자금 및 추가자금 조달계획 등을 종합적으로 작성한다.

예를 들어서 영양제 디스펜서를 제작하고자 하는 업체가 목표시장 및 사업화 전략을 작성한다고 가정해 보자. 이럴 때 첫 번째는 시장에 대한 분석이 필요한데 영양제 및 영양제 소분판매업에 대한 시장조사를 해야 한다. 그리고 기존 시장에 출시되어 있는 경쟁제품에 대한 비교분석을 하면서 우리 영양제 디스펜서의 강점 및 소비자에게 어필할 수 있는 소구 포인트를 만들어야 한다. 이후에 영양제를 주로 구매하는 소비자의 연령/구매채널/소비금액을 분석한다.

여기까지 정리가 되면 이후에 목표시장을 설정해야한다. 1차적으로 전체시장(글로벌 영양제 디스펜서 시장규모), 2차는 유효시장(국내 영양제 디스펜서 시장규모), 마지막으로 바로 수익화를 만들 수 있는 수익시장(당해년도 판매타겟이 되는 영양제 디스펜서 시장)을 정리한다. 그리고 사업시작 시점을 기준으로 3년간의 판매계획과 매출, 예상수익을 정리해서 작성하면 된다.

⑥ 이미지(공통)

이미지	※ 아이템의 특징을 나타낼 수 있는 참고사진 (이미지) · 설계도 등 삽입(해당 시)	※ 아이템의 특징을 나타낼 수 있는 참고사진 (이미지) · 설계도 등 삽입(해당 시)
	〈 사진(이미지) 또는 설계도 제목 〉	〈 사진(이미지) 또는 설계도 제목 〉

이미지는 최종산출물을 어떻게 만들겠다는 예시를 작성하는 것이다. 창업자가 만들고자 하는 아이템 또는 서비스를 그림으로 보여줄 수 있어야 한다. 그리고 이 부분은 시제품 또는 유사제품의 이미지를 넣어서 창업 아이템 또는 서비스를 시각적으로 보여주는 부분이다.

예를 들어서 내가 파충류의 건강관리를 하는 앱을 제작하고자 한다면 앱의 스토리보드를 넣어주거나 앱의 화면을 넣어주면 된다. 그런데 앱 개발이나 디자인이 준비되어 있지 않다면, 유사한 앱의 화면을 활용해 설명구를 달아주면 된다. 기계 또는 제품을 만드는 경우도 기존에 상품화된 사진을 넣거나 만약에 스케치가 가능하면 스케치본을 넣어서 설명하면 된다. 이때 유의해야 하는 것은 사업계획서는 가독성이 매우 중요하기 때문에 호감이 가는 이미지를 넣는 것을 권유한다.

2. 신사업창업사관학교

□ 일반현황(※온라인 신청서와 동일하게 작성)

> ※ 정부지원금은 최대 4천만원(평균 1.8천만원) 한도 이내로 작성
> ※ 정부지원금은 평가결과에 따라 신청금액 대비 감액될 수 있으며 신청금액을 초과하여 지급될 수 없음

신청분야	□ 온라인셀러형　　□ 로컬크리에이터형　　□ 라이프스타일 혁신형				
창업아이템명					
업종분류	정보통신, 교육서비스 등(* 온라인 신청서와 동일하게 작성)				
신청자 성명		생년월일	1900.00.00	성별	남 / 여
연락처		사업장 예정지역	○○도 ○○시		
교육희망지역					
사업화 지원금 (신청금액)	00백만원				
가점 해당여부					

　　일반현황 작성 시, 신청 분야는 2022년 대비 내용의 변화가 있어서 예비창업자 입장에서 어려움을 느낄 수 있다. 2023년 새정부 출범 이후 소상공인 분야와 정부지원 사업 부분은 많은 변화가 있다. 그런데 변화한 부분들을 살펴보면 대부분 기존에 있던 내용을 통합하거나 분류하는 과정에서 생긴 변화라서 기본적인 내용은 비슷하기 때문에 준비를 잘한 분들은 무리 없이 사업계획서를 작성할 수 있다. 그런데 첫 번째로 도전하는 경우에 당황할 수 있는 것이 바로 용어이해와 신청분야에 대한 분류일 것이다. 신청분야는 아래와 같이 3가지 유형으로 분류하여 지원할 수 있다.

□ 신청분야 : 3가지 유형 중에서 택일 * 중복신청 불가

신청분야	분야별 설명
온라인셀러형	온라인 기반으로 기술(IoT기술기반, 온라인플랫폼 등)과 혁신적인 창업아이템을 통해 창업
로컬크리에이터형	지역 고유의 특성과 자원을 기반으로 혁신적 아이디어를 접목하여 지역경제 활성화에 기여하는 '지역가치 창업자'로 창업
라이프스타일 혁신형	새로운 콘텐츠를 접목하여 의식주 기반의 생활양식(라이프스타일) 기업으로 창업

신청 분야는 온라인셀러형, 로컬크리에이터형, 라이프스타일혁식형으로 분류한다.

온라인셀러형은 온라인기반 창업 즉, 온라인기술(IoT 기술기반, 온라인플랫폼 등)과 혁식적인 아이템으로 창업하는 것을 말한다. 온라인 판매채널(자사몰, 오픈마켓, 와디즈 등)을 통해서 비즈니스모델을 만들거나 온라인기술(앱 또는 웹서비스 등)을 활용한 제품과 서비스를 런칭하는 경우가 해당된다.

로컬크리에이터형은 지역을 기반으로 한 지역의 특성 및 자원을 활용해서 혁신적인 아이디어를 가지고 창업하는데 여기서 다른 업종과 차별성은 지역경제 활성화에 기여해야 한다는 것이다. 일반적으로 외식업의 경우 과밀업종이라 불가하지만 지역경제 활성화에 영향을 주는 맛집, 로컬에서 나오는 재료로 제빵을 하는 베이커리등은 여기에 해당할 수 있다.

마지막으로 라이프스타일혁신형은 의식주 기반의 생활양식에서 혁신적인 콘텐츠를 개발하여 창업하는 것이다. 의식주의 혁신성을 추구한 아이템으로 런드리고, 세탁특공대처럼 기존의 집에서 하던 의식주의 불편함을 해결하거나 1인 가구 증가로 인한 식문화의 불편함을 해소하기 위한 밀키트화도 여기에 해당이 된다.

□ 창업 아이템(아이디어) 개요(요약)

1) 창업아이템 소개

창업아이템 소개	※ 핵심기능, 소비자층, 사용처 등 주요 내용을 중심으로 간략히 기재

창업 아이템의 소개는 창업자의 제품 또는 서비스의 핵심기능을 3가지 정도 요약해서 작성한다. 또한 주타겟고객에 대한 지역/성별/나이 등의 분류요소를 만들어서 작성하는 것이다. 이때 소비자를 최대한 분석해서 우리 아이템 또는 서비스를 구매(이용)할 것이라는 논리를 만들어주어야 한다. 소비자의 니즈를 명확하게 분석하고 니즈에 맞는 아이템 또는 서비스를 제공할 때 구매로 연결되는 구조를 보여주어야 한다.

2) 창업 아이템의 차별성

창업 아이템의 차별성	※ 창업 아이템의 독창성과 차별성(현재 개발단계*를 포함)을 중점적으로 기재 * 아이디어, 시제품 제작 중 등

창업 아이템의 차별성 부분은 아이템 또는 서비스가 기존의 경쟁제품 대비 차별성 또는 독창성이 어떤 것이 있는지를 작성하는 것이다. 그런데 이 제품이 아이디어단계라면 아이디어를 구체화했을 때 결과물이 고객의 불편함을 해소하거나 기존제품대비 차별성이 무엇인지에 대해 설명해야 한다. 또한 개발을 해야 하는 단계라면 업종에 대한 이해가 적은 심사위원이라도 글을 읽고 이해할 수 있도록 글과 그림 또는 사진 등의 예시를 넣어야 한다.

아이템의 차별성은 본 아이템이 시장에서 성공할 수 있는 경쟁력에 해당하며, 이는 매출로 연결되는 가장 중요한 부분이 된다. 마지막으로 예비창업자의 보유역량을 통해 경쟁력을 확보할 수 있는 부분이 들어가야 한다.

3) 목표시장 및 사업화 전략

목표시장 및 사업화 전략	※ 목표시장(고객) 확보 및 사업화 성과 창출 전략

목표시장은 내가 확보하고자 하는 시장 및 고객을 정의하는 부분이다. 대부분의 창업 사업계획서에서 작성하는 것처럼 목표시장은 전체시장(TAM), 유효시장(SAM), 수익시장(SOM)을 나누어서 작성하면 된다. 향후 전망에 대한 부분은 기사 또는 업계자료 등을 인용해서 반영하면 된다. 마지막으로 목표시장에 진출하기 위한 구체적인 생산방안, 홍보마케팅 방법, 유통판매 전략, 인력 및 네트워크 확보방안을 작성한다.

사업화 전략은 창업 아이템 또는 서비스를 통해 수익화를 이룰 수 있는 전략을 작성하면 된다. 모든 사업계획서가 그렇듯이 사업화를 위해서 최소 3년 정도의 계획을 세워야 하는데 사업화 전략도 사업화를 진행하는 당해 연도만이 아니라 3년 정도의 계획을 작성하는 것을 추천한다.

4) 이미지

이미지	※ 아이템의 특징을 나타낼 수 있는 참고사진 (이미지) 또는 관련자료 삽입	※ 아이템의 특징을 나타낼 수 있는 참고사진 (이미지) 또는 관련자료 삽입
	〈 사진(이미지) 또는 관련자료 제목 〉	〈 사진(이미지) 또는 관련자료 제목 〉

이미지는 예비창업자의 제품 또는 서비스에 대한 사진 또는 그림 형태로 관련 이미지를 넣는 곳이다. 만약 내가 비건 베이커리를 한다면 현재 나와 있는 비건 베이커리의 롤모델이 되는 이미지를 넣거나 내가 만든 시제품의 사진을 넣는다. 그리고 사진이나 이미지를 넣은 것에 대한 설명글을 달아준다. 또는 내가 앱을 개발하거나 프로그램을 개발하는 경우 스토리보드 또는 앱의 이미지 등을 넣어주고 설명글을 달아주면 된다.

참고로 아래의 표는 신사업창업사관학교 서류평가 가점 대상인데 나에게 해당하는 부분이 있는지 미리 알아보도록 하자. 또한 신사업창업사관학교 지원 전 청년도전트랙 및 여성새로일하기센터에서 실시한 교육을 수료해도 최대 5점까지 가점이 있기 때문에 해당 사항이 있는 지원자들은 잘 준비해보길 바란다.

서류평가 가점 대상

창업아이템명	대상자	점수	비고(제출서류 등)
경력단절여성등	여성새로일하기센터에서 교육 등 수료 후 여성가족부 장관의 추천을 받은 자	3점	장관 추천서
중ㆍ장기복무 제대군인	제대군인 확인서 발급이 가능한 자 또는 제대군인증을 소지한 자	3점	제대군인 확인서 또는 제대군인증
성실 상환자	채무해소 재기지원종합패키지관련 채무를 성실히 상환한 자 (사업설명자료[참고3] 참고)	5점	제출 불필요 (공단 확인)
청년도전트랙 수상자	청년혁신 아이디어 도전트랙 수상자	5점	

* 다수 가점사항에 해당되더라도 가점은 최대 5점까지 부여

3. 사업계획서 개요 작성방법 총정리

정부지원사업 사업계획서에서 가장 중요한 부분은 바로 개요 부분이다. 저자의 유튜브채널 '김상미의 창업Talk'에서 정부지원사업 합격비법을 이야기할 때 반드시 나오는 포인트가 바로 개요를 잘 써야 한다는 것이다. 정부지원사업의 특성상 일대일 평가가 아닌 다대일의 상황에서 심사위원이 가장 먼저 보는 것이 바로 사업계획서의 개요 부분이다. 이 부분을 얼마나 매력적으로 작성했느냐에 따라서 합격과 불합격이 결정되는 첫 번째 관문이 된다. 개요 부분에서 가독성 있게 작성하고 두 번째 누가 봐도 알아듣기 쉽게 설명해야 한다. 마지막은 글자보다는 표 또는 그래프 등의 도구를 활용해서 정량적ㆍ정성적[02] 표현으로 작성해야 한다. 이렇게 3가지의 합격비법을 다 사용했다면 여러분은 반드시 합격이라는 관문을 통과할 수 있다.

---

02 정량(Quantitative)은 '수치'를 표현하는 것이고, 정성(Qualitative)은 '상황 묘사'를 표현하는 것

그런데 아직도 사업계획서 작성에 자신이 없는 분들이 있다면 아래의 합격비법 노트를 통해 나의 준비상태를 체크해 보도록 하자. 아래 항목을 기준으로 7개 이상의 준비가 되었다면 다음 장으로 넘어가서 나의 아이템에 맞는 사업을 정하고 사업계획서 단계별로 작성하는 시간을 갖도록 하자. 그런데 아래 합격비법 노트의 체크가 5개 이하면 4장의 내용을 중심으로 다시 한번 나의 창업 아이템, 고객분석, 시장검증, 매출계획, 대표자 역량 및 팀원 구성을 체크해 보도록 하자.

창업은 '농부의 발걸음'처럼 내가 얼마나 많은 시간과 노력을 했느냐, 그리고 정확한 분석 및 필요한 능력을 키웠느냐에 따라 성공과 실패가 결정된다. 우리에게 필요한 것은 스피드가 아니라 철저하고 성실한 준비이다. 준비하는 여러분 모두가 잘 준비된 모습으로 5장에서 만나보길 바란다.

합격비법 노트

No.	내용	체크
1	사업계획서 개요를 2장으로 작성한다	☐
2	알아듣기 쉬운 표현을 쓴다	☐
3	정량적, 정성적인 내용을 표나 그래프로 보여주자	☐
4	창업자가 이 사업을 성공시킬 수 있는 능력(경력)을 증명해라	☐
5	시제품의 명확한 시장성과 제품력을 검증해보자	☐
6	홍보마케팅에 대한 활용도를 증명하자	☐
7	주타겟분석 및 나의 시장을 정확하게 제시하자	☐
8	사업을 운영할 수 있는 팀원을 구성하자	☐
9	사업을 운영할 수 있는 팀원을 구성하자	☐
10	이미지를 통해 나의 제품 또는 서비스에 신뢰감을 보여준다	☐
합계		

Chapter 5
합격한 사업계획서
분석 및 사례 연구

합격 사업계획서 작성 개요

● ●

정부지원사업 사업계획서 작성을 위한 준비를 마친 여러분들은 사업계획서의 개요 및 사업계획서 작성을 해보았을 것이다. 사업계획서의 개요는 내가 어떤 아이템으로 사업을 하겠다는 것을 요약해서 보여주는 단계이다. 그리고 개요를 풀어서 작성하는 사업계획서는 보다 주도면밀하게 심사위원을 설득하는 과정이다. 그러다 보니 창업 아이템을 중심으로 문제 인식, 실현 가능성, 성장 전략, 팀 구성에 대한 내용을 설득력있게 작성해야 한다.

사업계획서는 창업자가 투자자를 대상으로 우리 사업에 대해서 설명 및 설득하는 과정을 보여 주는 것이다. 그러다 보니 투자자 입장에서는 창업자의 아이템의 혁신성, 시장 내 경쟁력과 성장 가능성을 충분히 이해해야 한다. 그리고 사업 성공의 가장 중요한 요인은 바로 사람이다. 즉, 대표의 경력(경험)과 사업을 성공시킬 수 있는 요인을 충분히 보여 주어야 하고, 팀 구성을 통해 좋은 성과를 낼 수 있다는 것을 검증해주어야 한다.

여기까지 작성을 마치게 되면 정부지원사업의 사업계획서를 완료한 것이다. 그런데 누구나 정부지원사업에 도전하는 게 처음이다 보니 만만한 작업은 아닐 것이다. 그래서 정부지원사업에 합격한 사업계획서는 분야를 막론하고 비싼 가격에 공유되고 있는 것이 현실이다. 하지만 나의 업종과 상이하고 경험이 다른 합격사업계획서는 큰 도움이 되지 않는 경우가 있다. 그리고 어떤 사람들은 정부지원 사업계획서 작성 대행업체에게 성공 보수 포함 천만원 이상의 돈을 주고 작성대행을 맡기기도 한다. 하지만 이와같은 방법은 그리 좋은 결과를 만들지 못하고 또는 법적인 문제가 되기도 한다.

이렇게 예비창업자는 해마다 증가하는데 이들을 위한 정부지원사업에 대한 사업계획서 솔루션이 부족하다보니 저자는 4년 전부터 유튜브채널 '김상미의 창업Talk"을 통해 정부지원사업 심사위원, 멘토링, 사업계획서 컨설팅을 하면서 얻게 된 심사기준 및 분야별 합격전략을 알려 주었다. 또한 기업컨설팅과 멘토링을 통해 창업한 기업의 성장전략을 공유하기도 했다. 그리고 유튜브를 통해 다 알려줄 수 없는 성공적인 정부지원 사업계획서 합격 전략을 공유하고자 하는 것이 이 책을 쓰는 이유 이기도 하다.

이번 5장에서는 정부지원사업에 합격한 합격생들의 다양한 업종을 예비창업패키지 사업계획서 양식 단계별로 소개해 보고자 한다. 합격한 멘티들에게는 후배들을 위해 일부 내용을 각색 또는 원본 그대로 제공하는 것에 동의를 얻었고, 이 책이 정부지원사업을 준비하는 모든 분들에게 도움이 되길 바라는 마음으로 5장을 작성하게 되었다. 그럼 이제부터 예비창업패키지에 합격한 사업계획서를 중심으로 사례와 함께 살펴 보도록 하자.

합격한 사업계획서를 사례로 사업계획서 작성하기
(예비창업패키지/창업중심대학)

● ●

1) 문제인식(Problem)

1. 문제인식 (Problem)	**1-1. 창업아이템 배경 및 필요성** – 아이디어를 제품 · 서비스로 개발 또는 구체화하게 된 내부적, 외부적 동기, 목적 등 – 아이디어의 제품 · 서비스 개발 또는 구체화 필요성, 주요 문제점 및 해결방안 등 – 내 · 외부적 동기, 필요성 등에 따라 도출된 제품 · 서비스의 혁신성, 유망성 등
	1-2. 창업아이템 목표시장(고객) 현황 분석 – 제품 · 서비스로 개발 또는 구체화 필요성에 따라 정의된 목표시장(고객) 설정 – 정의된 목표시장(고객) 규모, 경쟁 강도, 기타 특성 등 주요 현황 – 제품 · 서비스로 개발 또는 구체화하는 경우 기대할 수 있는 효과

1-1) 창업 아이템 배경 및 필요성

창업 아이템 배경 및 필요성은 창업자가 제품 또는 서비스를 왜 개발하게 되었는지를 작성하는 항목이다. 그리고 창업 아이템의 개발에 대한 내부/외부적 배경 및 동기를 서술하면 된다. 여기서 핵심은 불편함을 해결하거나 세상에 없던 것을 개발함으로 사회, 경제, 기술적인 관점에서 혜택을 작성하는 것이다.

예를 들어서 2022년 기준 펫팸족은 602만 가구, 1306만 명이다. 단순하게 애완동물로 인지되던 펫을 가족으로 받아들이면서 반려동물사업은 나날이 성장하고 있다. 이런 가운데 의료서비스에 대해 고민을 하던 창업자가 반려동물의 병원 서비스에 대한 호기심을 갖게 되면서, 왜 반려동물은 사람처럼 건강검진을 하지 않을까 라는 의구심에서 창업 아이템은 출발하게 된다. 그리고 동물병원에서의 정기검진, 예방접종, 사료 등에 대한 서비스를 개발하게 된다. 반려동물의 건강을 정기적으로 관리하고, 반려동물의 개월 수에 맞는 필요한 영양분을 제공할 수 있는 식단서비스를 하는 것이다. 특히 노견의 증가로 사료 서비스에 대한 시장의 니즈는 급증하고 있다. 또한 기존에는 아프고 나서야 병원을 찾는 것이었다면, 예방의학적인 차원에서 반려동물의 건강한 삶과 병 없이 오래 살수 있는 환경을 만들어 주고자 하는 것이 이 아이템의 핵심인 것이다.

2022년 기준 국내 반려동물 시장규모는 8조 원에 달하고 있고, 매년 10% 이상 성장하여 2027년에는 15조 원까지 성장할 것으로 예측하고 있다 보니 앞으로 반려동물의 병원 서비스 및 사료 시장은 급격하게 성장하리라 기대하고 있다.

1-2) 창업 아이템 목표시장(고객) 현황분석

창업 아이템 목표시장 현황분석은 창업 아이템의 고객을 먼저 세분화하는 것이 필요하다. 아이템 또는 서비스의 전체시장, 유효시장, 수익시장에 해당하는 고객을 수치화하고 시장의 규모 및 현 상황을 분석해야 한다. 그리고 경쟁 강도, 전망(성장성) 및 창업제품 및 서비스개발의 구체화를 통해 기대할 수 있는 효과적 측면을 작성하는 것이다.

예를 들어 환자식 메디푸드를 개발한다고 가정해보자. 일차적으로 해야 하는 것은 고객에 대한 정의이다. 메디푸드의 경우 암, 당뇨, 고지혈증 등 특정한 음식을 피하거나 식이요법이 필요한 분들을 1차 고객으로 생각할 수 있다. 그런데 여기서 메디푸드를 먹는층에 대한 해석을 다르게 한다면 고객의 범위를 확대할 수 있다. 메디푸드는 위에 부담이 없고 자연주의를 강조한 식단 또는 건강에 필요한 영양소를 잘 챙겨 넣은 제품이 대부분이다. 그러다 보니 기존의 대량생산형 액상 형태의 제품을 한 끼 대용으로 먹고 있는 또 다른 고객층을 발견해야 한다. 몸에 이로운 영양소를 간편식으로 받아들이는 직장인, 숙취나 스트레스로 위가 안 좋은 현대인, 다이어트를 원하는 직장인 등의 고객층을 발견하게 된다.

그러면 여기서 우리는 목표시장을 정해야 한다. 목표시장은 전체시장(TAM), 유효시장(SAM), 수익시장(SOM)으로 구분하여 정의할 수 있는데, 전체시장은 글로벌 메디푸드 전체시장의 규모를 적는다. 그리고 유효시장은 국내 메디푸드 시장규모 및 신규로 발견된 고객 시장으로 잡는다. 마지막 수익시장은 바로 수익 창출이 될 수 있는 환자식을 해야 하는 메디푸드 시장으로 설정한다. 이렇게 시장에 대한 부분이 정의되면 정량적, 정성적인 내용을 표 또는 그림으로 표현해서 작성한다.

2) 실현가능성(Solution)

2. 실현가능성 (Solution)	**2-1. 창업아이템 현황(준비정도)** – 협약 기간 내 개발 · 구체화할 제품 · 서비스 준비 이력, 현황 등 – 사업 신청 시점의 제품 · 서비스 개발 · 구체화 단계(현황) 등
	2-2. 창업아이템 실현 및 구체화 방안 – 제품 · 서비스에 대한 개발 · 구체화 방안 등 – 내부 또는 외부 보유역량 기반 경쟁사 대비 제품 · 서비스 차별성 등

2-1) 창업 아이템 현황(준비 정도)

창업 아이템 현황은 창업자가 개발하고자 하는 제품 또는 서비스에 대한 소비자의 요구 및 문제인식 단계에서 해당 제품 또는 서비스를 본 사업 신청하기 이전까지 진행된 창업 아이템에 대한 기획, 추진한 경과를 기록하면 된다.

예를 들어 내가 앱을 개발한다고 가정해보자. 그렇다고 하면 플랫폼의 개념도(플로차트)를 넣는 것이다. 그리고 앱이 구현되는 기기에 맞게 앱 형태의 MVP[03]를 그림으로 보여주어야 한다. 왜냐하면 심사위원들의 경우 앱을 개발하는 개발자 출신이나 관련업계 분들이 필수로 들어오는 게 아니다 보니 글로 설명하는 것은 이해를 돕기에 효과적이지 않다. 그래서 최종산출물을 그림 또는 플로차트로 설명하는 것이 필요하다.

또한 앞으로 추진해야 하는 과정을 글보다는 표로 만들어서 보여주는 것이 효과적이다. 그리고 앞으로 최종산출물을 만들기까지의 과정을 단계별로 해야 하는 일, 날짜를 기재해서 작성한다. 심사를 하는 입장에서는 창업자의 아이템이 최종산출물을 만들어 내는 단계까지의 시간, 진행업무, 진행담당자(외주업체)를 한눈에 알아볼 수 있게 표현되길 원할 것이다. 예비창업패키지/창업중심대학:예비단계의 심사위원들은 창업 아이템의 혁신성과 구체적으로 어떻게 구현할 수 있는지에 대한 것을 가장 많이 생각하는 단계이므로 여기에 대한 마스터플랜을 보여주는 것은 매우 중요한 일이다.

2-2) 창업 아이템 실현 및 구체화 방안

창업 아이템 실현 및 구체화 방안은 창업 아이템의 준비과정 이후에 제품 또는 서비스를 구체적으로 어떻게 개발할 것인지를 보여주는 단계이다. 또한 내부나 외부의 보유 역량을 기반으로 경쟁제품 대비 차별성을 작성해야 한다.

예를 들어 프랜차이즈를 추천해주는 플랫폼을 개발하는 창업자가 있다고 가정해보자. 프랜차이즈를 추천해주는 앱의 경우 개인 데이터 및 내가 찾는 조건 값을 입력했을 때 나에게 맞는 프랜차이즈를 추천해준다고 하자. 그럼 이 창업 아이템의 경쟁자는 프랜차이즈 본사, 프랜차이즈 컨설팅회사, 폐점된 프랜차이즈와 부동산을 연결해 주는 회사

---

03 MVP(Minimum Viable Product)는 창업자의 아이디어를 작동이 가능한 최소한의 핵심기능만을 탑재한 프로그램 또는 제품을 의미한다.

가 있다. 위에 나열한 3곳의 업체와 프랜차이즈 추천 앱과의 서비스 내용과 비용, 고객 편의성, 소통방식 등을 비교하여 창업자의 아이템 강점을 돋보이게 설명하면 된다. 경쟁사 비교의 경우 반드시 표를 사용해서 가독성 좋게 만들어야 한다. 그리고 강조해야 하는 부분은 색깔을 달리해서 표시하는 게 좋다. 경쟁사 비교까지 끝난 다음에는 창업 아이템의 차별성을 설명해야 한다. 차별성은 크게 세 가지 정도로 작성하면 된다.

프랜차이즈 추천 앱의 차별성

1. 비대면 서비스로 원하는 장소/시간의 구애받지 않는 편의성
2. 내가 원하는 조건 값의 다양한 프랜차이즈 추천기능
3. 저렴한 경비와 객관적이고 검증된 데이터제공

위와 같이 경쟁자 대비 차별성을 작성하되 차별성 항목마다 자세한 설명글을 달아 주어야 한다. 예를 들어 비대면으로 원하는 장소/시간의 구애받지 않는 편의성의 경우 기존의 프랜차이즈 상담을 받기 위해서는 시간을 정해서 프랜차이즈 본사나 컨설팅 업체를 방문하는 불편함이 있었다. 그런데 프랜차이즈 추천 앱은 장소나 시간의 구애받지 않고 내가 원하는 정보를 얻을 수 있고 최종 계약 또는 상담을 위한 최소의 미팅을 진행하면 된다. 그리고 정확한 데이터 및 통계자료로 나에게 맞는 프랜차이즈를 충분히 검토한 후에 프랜차이즈 본사 또는 컨설턴트를 만나게 된다. 이렇게 주요 차별성 작성 이후 설명글을 달아주는 형식으로 작성하면 된다.

3) 성장전략(Scale-up)

3. 성장전략 **(Scale-up)**	**3-1. 창업아이템 사업화 추진 전략** – 정의된 목표시장(고객) 확보, 수익 창출 등을 위한 사업화 전략 – 목표시장에 진출하기 위한 구체적인 생산·출시 방안 등
	3-2. 생존율 제고를 위한 노력 – 협약 기간 내 사업화 성과 창출 목표(매출, 투자, 고용 등) – 협약 기간 종료 후 사업 지속을 위한 전략
	3-3. 사업추진 일정 및 자금운용 계획 – 전체 사업단계 및 협약기간 내 목표와 이를 달성하기 위한 상세 추진 일정 등 – 사업 추진에 필요한 정부지원금 집행계획 등 – 정부지원금 외 투자유치 등 구체적인 계획 및 전략

3-1) 창업 아이템 사업화 추진전략

창업자가 개발하거나 구체화하고자 하는 제품 또는 서비스의 수익 창출을 위한 비즈니스모델 구축전략을 설명한다. 그리고 정의된 목표시장(고객)에 진출하기 위한 고객 확보, 수익 창출 전략방안을 작성하는데, 창업 아이템의 비즈니스모델(BM)을 먼저 도식화해서 보여주는 것이 좋다.

예를 들어 반려식물 분갈이 서비스를 하는 비즈니스모델을 가지고 설명을 해보자. 비즈니스모델은 식물집사를 대상으로 기존의 식물 분갈이를 포함한 식물의 생애주기 전 과정에 관한 서비스이다. 식물을 키우는 개인 고객(식물집사)의 식물관리 서비스 및 기업 식물관리를 주요 비즈니스로 정의하자. 그리고 고객은 식물집사(c), 기업고객(B)으로 정의한다. 주요서비스는 식물집사를 대상으로 식물의 분갈이 및 식물 생애주기별 필요한 용품판매 및 식물 생애주기에 따른 서비스를 제공한다. 기업의 경우 식물관리 및 플랜테리어[04] 등의 서비스를 제공한다. 마지막으로 식물을 활용한 원데이 클래스 및 컨설팅을 제공해 준다. 그런데 이러한 내용을 말이나 글로 설명하기 보다는 그림이나 도식화하여 표현하게 되면 해당분야의 전문가가 아닌 심사위원들이 보더라도 비즈니스모델을 한 눈에 이해할 수 있게 된다.

따라서 이 내용을 아래의 예시와 같이 도식화 해보면, 플랫폼을 운영하는 회사를 B, 고객(개인)은 식물집사 C, 식물관리를 의뢰하는 고객사를 B로 표현한다. 그리고 플랫폼 비즈니스를 운영하는 나에게 식물 생애주기에 필요한 종자에서 식물 관련 용품까지를 제공하는 업체를 B, 나의 플랫폼에 강사를 파견하는 업체 또는 개인 강사집단을 B로 표현해보면 아래와 같다.

[예시] 식물 생애주기 플랫폼 비즈니스 모델

*B:business/C:consumer

---

04 플랜테리어(planterior) : 식물(plant)과 인테리어(interior)의 합성어로, 식물로 실내를 꾸밈으로써 공기정화 효과와 심리적 안정 효과를 얻고자 하는 인테리어 방법이다.

3-2) 생존 제고를 위한 노력

창업자는 협약 기간(8개월) 내 달성하고자 하는 매출, 투자, 고용 등의 사업화 성과를 기재해야 한다. 그리고 협약종료 이후 사업지속을 위한 구체적인 세부계획을 수립해서 작성한다.

예를 들어서 생존 제고를 위한 노력을 풀어서 생각해보면 협약 기간 8개월 안에 정부 지원금을 사용해서 어떤 결과를 만들어 낼 것인가를 묻는 것이다. 또한 평균 5천만 원 지급되는 정부지원금 이외 자기 대응자금(투자)을 어느 정도 넣어서 운영할 것인지를 보여주면 된다. 또한 양질의 일자리 창출이라는 목표에 부합하게 신규채용을 한다는 것을 적어야 한다.

여기까지 정리가 되면 그다음은 바로 매출에 대한 것을 고민해야 한다. 예비창업패키지, 창업중심대학:예비단계에서 초기 단계로 넘어 가기 위한 첫 관문은 바로 매출이다. 매출을 발생시킬 수 있고 목표매출을 만들었다는 것은 목표시장의 요구에 부합하는 아이템이라는 것을 검증받은 것이다. 또한 지속적 투자가 이루어진 제품이 아닌 고객의 선택을 받는 경쟁력 있는 제품이라는 검증을 하게 되는 것이다. 그래서 실제로 합격 이후 초기창업패키지까지 지원받을 계획이 있다면 반드시 협약 기간 종료 전에 기준매출을 만들어야 한다. 그리고 예비창업패키지, 창업중심대학:예비단계에 생존 제고를 위한 노력이라는 항목에 예상 매출과 수익구조를 볼 수 있는 자료를 넣어야 한다. 그리고 고용, 매출, 투자는 아래 표처럼 간단하게 삽입하면 된다.

성과 목표 (협약 기간 내)		
고용	**매출**	**투자**
1명	6천 5백만 원	5천만 원

3-3) 사업추진 일정 및 자금 운용계획

전체 사업단계에서 추진하고자 하는 목표 및 종합적인 추진 일정 등을 작성한다. 여기서 주의할 것은 협약 기간 내의 사업 일정과 협약 기간을 포함한 전체 사업 일정 두 가지를 작성해야 한다. 또한 사업추진에 필요한 정부지원금 집행계획을 작성한다. 마지막으로 정부지원금 외 투자유치 등 구체적인 계획 및 전략을 작성한다.

예를 들자면 사업추진 일정은 전체사업 일정을 중심으로 최대 3년 정도의 계획을 잡고 우리가 해야 하는 사업화 방안에 대해서 작성해준다. 3년간의 사업화 기간 중에서 최초 1년은 월별로, 이후는 분기별로 작성한다.

사업추진 일정(전체사업 단계)

순번	추진내용	추진 기간	세부 내용
1	시제품설계 및 제작사선정	23.03-05	제품 고도화 및 시제품 개발
2	브랜딩 및 판매 채널구축	23.05-07	온라인브랜딩 및 판매 채널구축
3	제품출시 및 홍보마케팅	23.08-12	제품출시 및 판매개시
4	제휴업체 MOU 및 판매개시	24.01-03	제휴업체개발 밀 판매개시
5	공장설립 및 제품생산	24.3분기	국내 생산라인구축 및 생산
6	글로벌 브랜딩 및 제품홍보	24.4분기	미국 현지 상품브랜딩 및 홍보
7	미국 시장 내 판매 채널확보	25.2분기	아마존 입점 및 오프라인매장 입점

협약 기간 내에 사업화 추진 일정은 월별 기준으로 작성한다. 추진내용은 구체적으로 작성하는 것이 아니라 주요 키워드를 정리해서 작성하고 추가로 필요한 내용이 있다면 표아래에 부가설명을 작성해 주면 된다.

사업추진 일정(전체사업 단계)

순번	추진내용	추진 기간	세부 내용
1	비즈니스 고도화(BM)	23.03-05	제품 고도화 및 시장 분석
2	브랜딩	23.05	네이밍, 로고(BI, CI)
3	시제품 개발	23.05-07	시제품 제작 업체 선정 및 개발
4	홍보 마케팅 채널 구축	23.06	브랜드 SNS 채널구축 브랜드 인스타그램 및 블로그 구축
5	1차 시제품 출시 및 체험단	23.07-08	시제품 출시 및 체험단 운영
6	제품출시 및 홍보마케팅 운영	23.09-10	제품출시 및 홍보마케팅 메타 광고 & 인플루언서 운영
7	와디즈 1차 펀딩 및 오픈마켓 입점	23.10-11	와디즈 펀딩 및 오픈마켓 입점
7	미국 시장 내 판매 채널확보	25.1분기	아마존 입점 및 오프라인매장 입점

사업비의 경우 전체 사업비를 기준으로 작성하고 정부지원 사업비는 최대 1억으로 잡고 작성한다. 그리고 추가로 필요한 자금은 투자 또는 다른 정부지원사업으로 계획표에 작성해서 넣으면 된다. 그리고 MVP 개발 이후 투자금을 유치할 수 있다는 것도 염두에 두고 자금계획에 반영해 보자.

사업비 집행계획

비목	산출근거	정부지원금(원)
인건비	프로그래머 1명 채용 인건비(400만원*8개월)	32,000,000
	CSR 1명 채용 인건비 (250만원*8개월)	20,000,000
외주용역비	애플리케이션 개발비	25,000,000
	자사몰 개발비	20,000,000
	브랜딩 및 UI/UX 디자인비	15,000,000
재료비	시제품 및 재료비	10,000,000
광고선전비	SNS 광고물 제작 및 운영, 광구집행	9,000,000
	판촉물 제작 및 홍보물 인쇄비	6,000,000
여비	외부 출장 및 영업비	4,000,000
창업활동비	데스크탑 3대 구매	9,000,000
	기타 소모품 구입 비용	4,000,000
합 계		150,000,000

4) 팀 구성

4. 팀 구성 (Team)	4-1. 대표자(팀) 보유역량 – 대표자(팀원)가 보유하고 있는 창업 아이템 실현(구체화) 및 성과 창출 역량 등
	4-2. 외부 협력기관 현황 및 활용 계획 – 외부 협력기관(대학, 공공기관, 민간기업 등) 네트워크 현황 및 세부 활용방안 등
	4-3. 중장기 사회적 가치 도입계획 – 회사 설립 시 선진적 조직문화, 환경보호 등 계획 도입 노력 등 – 지속가능한 경영을 위한 사회적 가치 실천을 위한 도입 노력 등

팀 구성은 크게 세 가지로 나누어서 작성한다.

4-1은 대표자 보유역량으로 대표자가 보유하고 있는 창업 아이템의 실현 및 성과 창

출을 할 수 있는 역량을 보여주어야 한다. 대표자의 주요경력과 경험들이 이 사업을 성공시킬 수 있다는 논리를 만들어 주어야 한다. 만약 대표자가 창업 아이템의 핵심솔루션이 없다면 필요 인원을 팀원으로 선발해서 진행하는 것으로 작성해도 된다.

4-2는 외부 협력기관 현황 및 활용계획으로 창업 아이템 실현에 필요한 아웃소싱업체, 기관, 단체 등으로 작성하면 된다.

4-3은 중장기 사회적 가치 도입계획으로 회사 설립 시 선진적 조직문화, 환경보호, 지속 가능한 경영을 위한 사회적 가치실천을 위한 노력 등을 작성한다.

예를 들어서 대표자 및 팀 보유역량 부분은 대표자의 이력서를 자세하게 작성한다고 생각하면 된다. 창업 아이템과 관련된 업무 전체를 기간별로 나열하고 기간별 주요업무들을 키워드로 정리하되 가독성 좋게 표로 작성한다. 팀원의 경우는 주요업무 및 보유능력과 이 사업에서의 역할 등을 작성해서 보여주면 된다. 4-3은 반드시 작성해야 하는 부분이지만 배점에 엄청난 영향을 미치는 항목은 아니다 보니 비즈니스모델을 통해 사회기여방안 및 사회 환원에 관한 이야기를 작성하기도 한다.

(예비)창업팀 구성 예정(안)

순번	직위	담당 업무	보유역량(경력 및 학력 등)	구성 상태
1	프로그래머	1. 프론트엔드 기획 2. 백엔드 관리 3. UX Researcher	– 소프트웨어석사 – 프로그래밍 경력 8년	예정 (24.04)
2	CSR	1. CS 관리 2. 상담 메뉴얼 설계	– 인바운드 15년 경력 – 다양한 업종의 인바운드 경력	예정 (24.04)

맺는 말

$\bullet\ \bullet$

합격하는 사업계획서 작성법을 통해 우리는 예비창업패키지, 창업중심대학:예비단계에 합격한 다양한 업종의 성공솔루션을 보게 되었다. 여기에서 우리는 정성적인 내용보다는 정량적으로 나의 아이템을 설명하는 방법을 배웠을 것이다. 사업계획서라는 것이 누구나 봐서 알아볼 수 있도록 쉽게 작성이 되어야 하고 도식화를 통해 가독성을 높여야 한다는 것을 보게 된다. 그러다 보니 정부지원사업에 도전하기 전에 나의 사업을 먼저 정리하고 사업계획서의 형식에 맞게 간단하게 정리를 해봐야 한다. 그리고 다음 단계는 나와 유사한 아이템들을 분석하면서 창업 아이템의 차별성과 혁신성을 명확하게 만들어야 한다. 마지막으로 나의 아이템의 성공 창업을 위한 솔루션을 다양한 정보(출처포함)를 통해 검증하고 도식화하거나 가독성 좋게 작성해야 한다.

여기까지 작업이 되었다면 여러분은 서류 심사에 합격할 준비를 마친 것이다. 이후 대면 면접에서 10분-15분 정도 시간 안에 나의 사업계획서를 논리적으로 설명해야 한다. 그리고 질의응답을 통해 심사위원을 설득하는 시간을 갖게 될 것이다. 이 단계에서 사업계획서 전체가 나의 머릿속에 저장되어있지 않다면 사업계획서 발표도 질의응답도 정신 없는 시간이 될 것이다. 그러다 보니 사업계획서를 기획하는 단계부터 창업 아이템에 대해 나만의 논리를 만들어야 한다. 그리고 사업계획서 작성을 통해 다양한 문제점을 예상하고 거기에 대한 다양한 해답들을 찾아가면서 사업계획서를 마무리 해야 한다. 만약 우리가 이런 단계를 모두 거쳐서 대면 면접에 간다면 당신은 반드시 합격의 주인공이 될 것이다.

지금까지 이야기한 합격하는 사업계획서 작성법을 통해 다양한 정부지원사업의 해답을 찾아가기를 바라며 2024년 예비창업패키지, 창업중심대학:예비단계, 신사업창업사관학교, 로컬크리에이터에 지원하는 모든 분들의 합격을 응원한다.

Part 2

대화형 인공지능
ChatGPT, Bard, Bing을 활용한
사업계획서 작성 솔루션

Chapter 6
나만의 전문가 자문단 BBC 구성하기

2022년 11월 30일, ChatGPT(Chat Generative Pretrained Transformer)가 처음 출시된 후 5일 만에 100만 명을 넘어섰고 40일 만에 1,000만 명을 넘어섰다. 2023년 1월 월 활성 사용자(MAU: Monthly Active Users) 1억 명을 돌파하였다. 월 활성 사용자가 1억 명 돌파까지 틱톡은 9개월이 걸렸으며 인스타그램은 2년 6개월 걸렸다. ChatGPT는 출시한 지 두 달 만에 월 이용자 1억 명을 돌파하여 인터넷 탄생 이후의 최고의 소프트웨어라고 평가받으며 돌풍을 일으켰다. 2023년 2월 이러한 ChatGPT의 광풍에 힘입어 마이크로소프트는 자사의 검색엔진인 Bing에 ChatGTP를 탑재하여 공개하였으며, 3월에는 공식 블로그를 통해 ChatGPT를 장착한 Bing 일일 활성 사용자가 1억 명을 돌파했다고 전했다. 2023년 3월 10일 여기에 위기를 느낀 구글도 Bard를 공개하였으며, 5월에는 새로운 대형언어모델(LLM)인 '팜2(PALM 2)' 기반으로 고급 수학 및 추론 기술과 코딩 기능 등을 포함하여 Bard를 한국을 비롯한 180개국에 동시 출시했다. 가히 '대화형 인공지능 전쟁'이 시작되었다.

컴퓨터와 전화가 결합된 아이폰이 스마트폰 시대로 우리 생활을 혁신적으로 변화시

킨 것처럼 ChatGPT라는 대화형 인공지능 트리거를 통해 또 다른 변화가 시작된 것이다. 이러한 시대에 부응하여 본 장에서는 대표적인 대화형 인공지능인 Bard, Bing, Chat-GPT를 BBC라 명명하고, 이를 사업계획서 작성에 활용하기 위한 첫 단계로 가입 등 사용방법을 먼저 살펴보고자 한다.

대화형 인공지능이란?

●●

인공지능이란 인간의 학습, 추론, 자동화된 결정 등의 인지 능력을 모방하는 컴퓨터 프로그램을 만드는 분야이며, 기계 학습, 자연어 처리, 지식표현 및 추론 등 다양한 분야를 포함한다. 인공지능이라는 용어가 처음 등장한 때는 1956년 존 매카시가 이 용어를 사용하면서부터이다. 하지만, 본격적으로 인공지능 기술이 발전하게 된 시점은 2010년부터 Deep Learning 기반 인공지능 기술이 비약적으로 발전하면서부터이다. 이러한 인공지능 중 최근 광풍이라 불릴 정도로 변혁의 중심인 ChatGPT는 OpenAI에 의해 개발된 사용자와 주고받는 대화에서 질문에 답하도록 설계된 언어모델이다.

ChatGPT 개발 전에도 많은 대화형 인공지능이 있었다. 이러한 대화형 인공지능 중 세계 최초의 대화형 인공지능은 ELIZA인데, ELIZA는 초기의 자연 언어 처리 컴퓨터 프로그램으로, MIT 인공지능 연구소의 조지프 와이젠바움(Joseph Weisenbaum)이 1964년부터 1966년까지 개발했다. 프로그램은 간단한 대화형으로 되어있으며, 가장 유명한 스크립트는 "DOCTOR"라고 불리는 것으로, 사용자는 의사 ELIZA에게 찾아온 환자 역할로 설정되어 프로그램이 간단한 질문에 답하고 묻기도 한다. 간단한 패턴 매칭 수법을 사용하는 초기형 유사 인공지능이나, 일부 사용자는 프로그램임을 알아차리지 못하는 등 튜링 테스트를 통과한 최초의 프로그램으로도 알려져 있다.

이외 대표적인 대화형 인공지능으로는 2010년 애플에서 iOS용으로 만든 음성 인식과 챗봇의 결합형태인 Siri가 있다. Siri는 사용자가 말을 하면 그것을 녹음해 애플의 서버로 전송한 뒤, 음성을 텍스트로 변환 합하고 그 내용을 AI로 분석하여 동작을 결정하여 이에 대한 답변을 사용자에게 제공해 주거나 앱을 작동시켜 주는 것이다. Siri의 대항마로 2012년 출시된 Google Now가 있었다. 사용자의 질문에 답하고 일련의 웹 서비스에 대한 요청을 통해 작업을 수행하거나 추천하였는데, 초기에 위치와 시간을 기반으로 상황에 맞는 정보를 얻는 방식이었다. 그러다가 광범위한 콘텐츠 카테고리와 함께 훨씬 더 복잡하고 정교해졌으며 2017년 Google Assistant로 대체되었다. 아마존 역시 2014년에 지능형 개인비서로 Alexa를 출시하였다.

이처럼 여러형태의 대화형 인공지능이 수 년간에 걸쳐 개발되어 왔지만, 2022년 OpenAI에서 다양한 소스를 바탕으로 방대한 텍스트 데이트를 학습한 ChatGPT를 발표하면서 선풍적 인기를 끌게 된 것이다. 또한 ChatGPT의 인기에 놀란 구글에서도 Bard를 그 대항마로 내세우게 되었으며, 마이크로소프트는 아예 투자를 통해 Bing이라는 검색 도구에 ChatGPT를 장착시켜 구글이 독점하던 검색시장에 파란을 일으키고 있다.

주요특징

ChatGPT로 대표되는 대화형 인공지능은 학습, 추론, 문제 해결 및 인식과 같이 일반적으로 인간 지능이 필요한 작업을 수행할 수 있는 데 중점을 둔 인공지능이다. 많은 양의 대화 데이터에 대해 교육받았으며 다양한 대화 프롬프트에 대해 자연스러운 응답을 생성할 수 있다. 언어모델로서 주요기능은 질문에 답하고, 설명을 제공하고, 추천하고, 다양한 주제에 관한 대화에 참여할 수 있게 한 것이다.

일반적으로 대화형 인공지능의 특징에 대해 윤목한(2023)은 그의 논문[05]에서 다음과 같이 설명하였다. 첫째, 학습능력이다. 인공지능 시스템은 기계학습(Machine Learning)을 통해 많은 양의 데이터를 분석하여 시간이 지남에 따라 학습하고 개선할 수 있다. 기계 학습 알고리즘은 패턴을 감지하고 객체를 인식하며 데이터를 분석하여 시간이 지남에 따라 학습하고 개선할 수 있다. 기계 학습 알고리즘은 패턴을 감지하고 객체를 인식하며 데이터를 기반으로 예측하는 데 사용된다. 둘째, 적응력이다. 인공지능 시스템은 변화하는 환경에 적응하고 새로운 경험에서 배울 수 있다. 환경의 피드백을 기반으로 행동을 조정하고 성능을 향상할 수 있다. 셋째, 자연어 처리능력이다. 인공지능시스템은 텍스트와 음성 모두에서 인간의 언어를 이해하고 해석할 수 있다. 이는 가상 비서 및 챗봇과 같은 애플리케이션에서 특히 유용하다. 넷째, 전문성이다. 인공지능 시스템은 의학, 금융 또는 법률과 같은 특정 영역에 대한 전문성을 갖도록 설계될 수 있다. 이 전문 지식은 인간의 의사결정 및 문제 해결을 지원하는 데 사용할 수 있다. 다섯째, 문제 해결 능력이다. 인공지능시스템을 사용하여 많은 양의 데이터를 분석하거나 미래 추세를 예측하는 등 복잡한 문제의 해결에 도움을 줄 수 있다.

그렇다면 이러한 대화형 인공지능은 어디에 사용할 수 있을까? 글의 개요(outline) 잡기, E-mail 작성, 참고문헌 작성, 요약문 작성, 번역, 파이선과 R의 코딩, 영어, 일어 등의 어학 공부, 이력서, 추천서, 초대장 등이 가능하다. 이러한 산출물이 가능한 이유는 대화형 인공지능이 언어모델이기에 글이나 언어에 특화되어 있기 때문이다.

대화형 인공지능과 사업계획서 작성

이러한 대화형 인공지능은 과연 사업계획서 작성에는 어떤 이점이 있을까? 그 대표

---

05   윤목한(2023) [Chat GPT 등장과 교양교육의 방향탐색]

적인 예로 먼저 변혁의 중심인 ChatGPT에 투자한 마이크로소프트를 주목해 보자. 마이크로소프트는 최소 10억 달러(약 1조 2,400억 원)를 투자한 데 이어 추가로 총 100억 달러(약 12조 4,000억 원)의 투자를 협의 중인 것으로 알려졌는데, 우리가 사업계획서를 작성하는데 사용하는 MS오피스 제품과 검색엔진 Bing에 ChatGPT를 적용한 것이다. Bing에 대한 설명은 다음 장에서 설명할 것이므로, MS오피스 제품에 주목해 보자. ChatGPT를 탑재한 MS오피스 제품을 'MS Office 365 Copilot'로 출시하였다. 사업계획서에 관련한 표나 그림을 그릴 때 사용하는 엑셀과 파워포인트의 결과물이 간단한 조작만으로 전문가의 손길을 거친 예술작품으로 탄생하게 되는 것이다.

이를 일반적으로 정리해서, 대화형 인공지능을 통한 사업계획서 작성 시 이점을 살펴보자. 개괄적으로 보면, 정보 수집 및 분석, 구조화된 문서의 작성, 비즈니스 모델 개발, 수치 예측 및 분석, 문법, 철자, 문맥 등도 편집에도 도움이 된다. ChatGPT(GPT4.0)는 이에 대해 다음과 같은 이점을 설명한다.

사업계획서 작성과 대화형 인공지능에 대한 ChatGPT의 답변

You
사업계획서 작성과 대화형 인공지능

ChatGPT
사업계획서 작성을 위해 대화형 인공지능을 사용하는 것은 매우 현명한 방법입니다. 여기에 몇 가지 유용한 팁을 드리겠습니다:

1. **시장 조사 및 분석:** 인공지능을 사용하여 특정 산업 또는 시장에 대한 데이터를 수집하고 분석할 수 있습니다. 이를 통해 경쟁사 분석, 시장 동향 파악, 타깃 고객 규명 등이 가능합니다.
2. **재무 계획:** AI는 다양한 재무 시나리오를 모델링하고 예측하는 데 도움이 될 수 있습니다. 예를 들어, 수익성 예측, 비용 분석, 투자 수익률 계산 등을 할 수 있습니다.
3. **사업 전략 개발:** AI는 사업 전략을 수립하는 데 있어서 다양한 변수를 고려하여 최적의 경로를 제안할 수 있습니다. 예를 들어, 가격 전략, 마케팅 전략, 제품 개발 계획 등을 수립하는 데 도움을 줄 수 있습니다.

4. **위험 관리**: 사업계획에는 위험 요소와 이에 대한 관리 전략이 포함되어야 합니다. AI는 잠재적인 위험을 식별하고 이를 완화하기 위한 전략을 제안하는 데 사용될 수 있습니다.

5. **문서 작성 및 편집**: AI는 문법 검사, 어휘 개선, 구조적 일관성 등을 통해 사업계획서의 질을 향상시키는 데 도움을 줄 수 있습니다.

이러한 방법으로 AI를 활용하면, 보다 효율적이고 효과적인 사업계획서를 작성할 수 있습니다. 필요한 경우 구체적인 데이터 분석이나 문서 작성에 대해 추가 도움을 요청하시면 됩니다.

이제 대표적 대화형 인공지능인 Bard, Bing, ChatGPT에 대해 간략하게 살펴보고, 이를 활용하기 위한 첫 단계인 가입단계를 함께 살펴보자.

Bard : Google의 CahtGPT 대항마

• •

ChatGPT가 돌풍을 일으키고 있지만, 사실 ChatGPT의 근본적인 원리를 제공한 것은 구글이다. "Attention is all you need"라는 아시시 바스와니(Ashish Vaswani)와 Google Brain의 연구자들이 2017년 발표한 논문에 기초한 것인데, 자연어 처리 작업을 위한 신경망 아키텍처인 Transformer 모델을 소개하고 있다. Transformer 모델의 핵심적인 개념은 이전의 신경망(Neural Network) 방식과 비교하여 문장 구성 시 많은 맥락적 정보를 활용하여 특정 단어 다음에 올 단어를 보다 정확하게 예측하기 때문에 더 긴 맥락에서 자연스러운 텍스트 산출을 기대할 수 있다. Transformer 모델의 핵심적인 개념은 순차적인 처리가 아닌 Self-attention 기법을 사용하여 시퀀스 내 모든 단어 간의 관계를 캡처하여 각 단어의 문맥을 이해할 수 있게 한 것이다. Transformer 모델은 이후 기계 번역, 텍스트 요약 등 많은 자연어 처리 작업에서 최신 아키텍처가 되었고, Bert 모델, 자연어 생성을 위한 GPT-3등 다양한 변형 및 확장 모델의 개발로 이어졌다. OpenAI의

GPT-3 모델 또한 트랜스포머 방식을 따르고 있고 GPT-3은 주석 태깅, 모델 개발, 학습 과정과 같은 명시적인 모델 업데이트 없이 몇 가지 샘플 모델만으로도 새롭고 일관된 콘텐츠를 생성할 수 있다.

그렇다면 이러한 대화형 인공지능의 토대를 만든 원조 구글에서 내세운 대규모 언어 모델 Bard는 고대 켈트족의 이야기꾼 또는 음유시인에서 이름을 붙였다고 한다. 구글 공식블로그에서는 주장한 쓰임새는 다음과 같다[06].

- 아이디어를 브레인스토밍하고 계획을 수립하고 일을 처리하는 다양한 방식 찾기
- 복잡한 주제를 간단하고 이해하기 쉽게 요약한 내용 확인하기
- 개요, 이메일, 블로그 게시물, 시 등 다양한 글의 초안 작성하기

탄생배경과 활용방안에 대한 Bard의 답변

Bard에 대한 탄생배경과 이름 등 활용방법등을 설명해줘.

다른 답안 보기 ∨

탄생 배경

Bard는 구글 AI에서 개발한 대화형 생성형 인공지능 챗봇입니다. 2023년 3월에 영어로 처음 출시되었으며, 이후 일본어와 한국어 버전도 출시되었습니다.

Bard는 오픈AI의 ChatGPT의 상승에 직접 대응하기 위해 개발되었습니다. ChatGPT는 대규모 언어 모델을 기반으로 하는 챗봇으로, 다양한 종류의 창의적인 콘텐츠를 생성할 수 있다는 점에서 주목을 받았습니다. 구글은 ChatGPT와 경쟁하기 위해 Bard를 개발하여, 보다 다양한 언어를 지원하고, 보다 정확하고 유익한 정보를 제공할 수 있도록 했습니다.

이름

Bard는 중세시대에 구전으로 전해 내려오는 시인, 음악가, 이야기꾼 등을 가리키는 말입니다. 구글은 Bard가 사람들에게 정보를 제공하고, 창의적인 콘텐츠를 생성하는 등, 다양한 방식으로 사람들과 소통할 수 있는 챗봇이 되기를 바라는 마음에서 이 이름을 지었습니다.

---

06 구글 한국 공식블로그 https://korea.googleblog.com/2023/04/about-bard.html

활용 방법

Bard는 다양한 용도로 활용할 수 있습니다. 다음은 Bard를 활용할 수 있는 몇 가지 예시입니다.

- 정보 검색: Bard는 Google 검색을 통해 실제 세계의 정보에 접근하고 처리할 수 있습니다. 따라서 사용자가 어떤 질문을 하든, Bard는 가능한 한 정확하고 유익한 정보를 제공할 수 있습니다.
- 창의적인 콘텐츠 생성: Bard는 시, 코드, 대본, 음악 작품, 이메일, 편지 등 다양한 종류의 창의적인 콘텐츠를 생성할 수 있습니다. 사용자의 요구 사항에 맞는 콘텐츠를 생성하도록 지시할 수 있습니다.
- 질문과 대답: Bard는 사용자가 하는 질문에 대한 답변을 제공할 수 있습니다. 질문이 개방적이거나 도전적이거나 이상하더라도, Bard는 가능한 한 유익한 답변을 제공하기 위해 노력합니다.

Bard는 아직 개발 중인 챗봇이지만, 다양한 분야에서 활용될 잠재력을 가지고 있습니다. 앞으로 Bard가 어떻게 발전해 나갈지 기대됩니다.

👍 👎 ≠ ＜ ⋮

Bard 시작해보기

먼저 Bard를 이용하기 위해서는 크롬 브라우저를 열어보자. 여러 웹 브라우저가 있지만, 크롬 브라우저의 사용 시 보다 안정적이다.

둘째, Google 계정을 만들고 로그인하자. Bard의 경우 로그인후 이용이 가능하기에 회원가입 후 이용하자.

셋째, bard.google.com으로 이동하자. 검색창을 통해서 바드(Bard)를 검색해도 되고, 직접 URL을 입력하여 이동할 수 있다.

넷째, 하단의 텍스트 상자에 질문이나 프롬프트를 입력하고 제출을 누르면 된다.

Bard의 시작화면

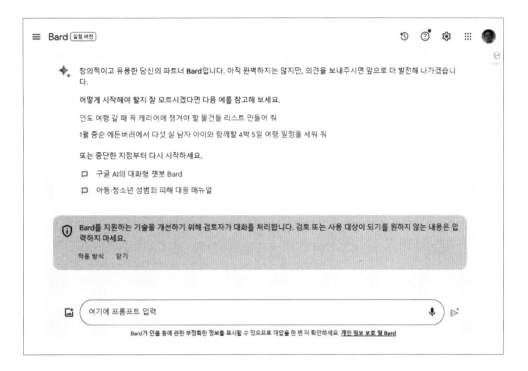

한편 Bard의 프롬프트를 수정할 수 있는데, 수정하면 Bard에서 새로운 대답을 생성한다. 이 경우 프롬프트 오른쪽에서 텍스트 수정을 선택하고 프롬프트를 수정한다. 또한 프롬프트에 대한 다른 대답을 확인할 수 있는데, 이 옵션은 Bard의 가장 마지막 대답에서만 사용할 수 있다. Bard의 대답 오른쪽 상단에서 다른 초안 보기를 선택하면 된다. 이 외에도 왼쪽 상단에서 "메뉴 다음 채팅 재설정"을 선택하여 새 채팅을 시작하는 것도 가능하며, 대답과 관련된 주제를 검색하기 위해 대답 아래에서 Google에서 검색을 선택할 수 있다. 또한 대답에서 코드도 복사할 수 있는데, 코드 블록 아래에서 복사를 선택하면 된다.

Bard의 가장 큰 특징은 번거롭게 다른 답변을 검색하지 않아도 기본적으로 3가지 답변을 제시해, 상황에 맞게 사용할 수 있다는 점과 한국어를 공식 언어로 선정하였다는 점이다.

Bing : 웹 검색에 ChatGPT를 더하다!

• •

ChatGPT의 돌풍에 가장 큰 혜택을 받은 기업은 어디일까? 바로 마이크로소프트이다. 구글의 등장 이후 밀렸던 검색시장에서 회심의 한 수가 될 수 있기 때문이다. 사람들이 언어를 더욱 빠르고 유창하게 구사할 수 있도록 도와주는 ChatGPT의 잠재성에 마이크로소프트의 상품군과 결합하여 시너지효과를 발휘할 수 있기 때문이다. 예를 들어 MS-Word에 통합하면 보고서 요약이나 제안서 작성, 아이디어 생산이 더욱 수월해질 수 있고, 이메일 프로그램과 워드의 자동완성 기능을 강화할 수 있다. 또한 문자 기반 작업에 국한되지 않는다. 파워포인트 프레젠테이션에서 이미지를 만들어내기 위해 텍스트에서 이미지를 생성(text-to-image)하는 인공지능 모델인 DALL-E를 사용하면, 본인이 주장하고 싶은 나만의 이미지를 생성하여 프리젠테이션에 사용할 수 있을 것이다. 이를 마이크로 소프트에서는 Copilpt 서비스라 부른다.

이에 더해 ChatGPT와 마이크로소프트사의 검색엔진인 Bing과 결합하여 자연어 처리부터 이미지 인식, 음성 인식 등의 기술을 활용해 검색엔진의 기능이 막강해진다. 사용자가 더 빠르고 정확한 검색 결과를 얻을 수 있을 뿐 아니라, Bing AI는 자료의 출처를 구체적으로 표기하거나, 추가 정보에 대한 링크를 제공하는 한편, 데이터를 실시간 반영한다는 점에서 다른 생성 AI보다 즉시성이 뛰어난 편에 속한다.

Bing에 대한 Bing의 답변

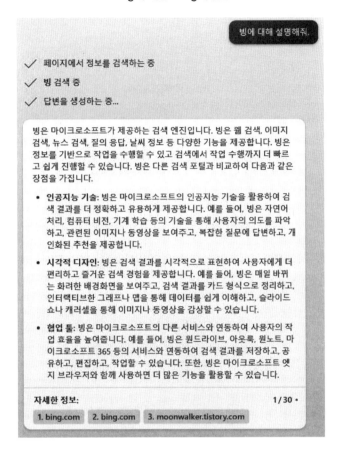

Bing 이용해보기

Bing을 이용하는 방법은 간단하다. Bard가 구글의 크롬 브라우저에서 안정적으로 구동하는 것과 마찬가지로, Bing은 한발 더 나아가 마이크로소프트의 엣지 브라우저에 탑재되어있기에 엣지를 구동하기만 하면 된다. 즉 특별히 사이트에 가입하거나 접속하지 않아도 엣지를 통해 아래와 같이 궁금한 사항만 입력하면 Bing AI의 AI 챗봇을 바로 만날 수 있다. 또한 특정 질문을 남겼을 때, Bing AI는 그에 맞는 답변과 함께 이와 관련되어 연상되는 질문 3가지를 함께 보여주며, 대답의 출처까지 표시해 줘 잘못된 정보가 생성되는 것을 방지하는 등 사용자의 편의성을 크게 높였다. 2023년 현재는 Bing이라 하지 않고, Copilot with Bing Chat이라 부른다.

Bing의 시작화면

ChatGPT: 대화형 인공지능으로 변혁의 중심에 서다!

• • •

가히 변혁의 중심이다. OpenAI에서 개발하여 공개한 챗봇 형 인공지능(AI)인 ChatGPT(Chat Generative Pretrained Transformer)는 2022년 11월 30일에 처음 출시된 후 두 달 만에 월 이용자 1억 명을 돌파하여 돌풍을 넘어 광풍이라는 표현이 맞을 것 같다. 사실 ChatGPT가 주목받은 이유에 대해 신동광(2023)의 연구[07]에 의하면 검색엔진은 키워드를 기반으로 정보를 검색하며 입력한 키워드가 포함된 많은 정보를 찾아 제시하는 반면에 ChatGPT는 질문의 맥락을 이해하여 마치 요청한 정보를 가지고 있는 인간이 그에 관해 설명하듯 사용자가 원하는 정보만을 찾아 제시한다는 것이다. 또한, 추가적인 정보검색을 요구하지 않는다는 점에서 편의성이 탁월하다. 정보가 정확하지 않을 때는 역시 인간과 상호작용하듯 조건을 추가하여 재요구할 수 있다는 점은 상호작용을 통한 친근감과 정보습득의 효율성을 높여준다. 무엇보다도 기존 검색엔진과 비교하여 ChatGPT가 가진 가장 큰 차별성은 콘텐츠 생성에 있다. 초거대 언어모델(Large Language Model, LLM)인 GPT-3.5에 기반한 ChatGPT는 생성할 콘텐츠의 조건을 입력하면 소설, 기사, 대화문, 에세이, 블로그, 계약서 등 다양한 장르와 유형의 글을 작성할 수 있다. 뿐만 아니라 파이선(Python)과 같은 프로그래밍 코드의 생성 및 검토와 상담, 여행 계획 수립, 평가 문항 생성까지 지원할 수 있다. 이는 현재 AI 기술이 인간의 단순한 업무를 대체하는 수준이라고 믿던 통념을 깨고 고도의 전문성을 필요로 하는 수준까지 지원 또는 대체할 수 있음을 의미하기 때문에 ChatGPT에 대한 관심이 그만큼 뜨거울 수밖에 없다.

ChatGPT가 설명하는 ChatGPT에 대해 아래의 그림에 나와 있는데, ChatGPT는 OpenAI에서 개발한 대화형 인공지능 모델로 GPT는 "Generative Pre-trained Transformer"의 약자로, Transformer 아키텍처를 기반으로 한 사전 학습 모델이다. ChatGPT는 GPT-3.5 아키텍처 또는 GPT4 아키텍처 그리고, GPT4 Turbo아키텍처를 사용하며, 다양한 자연어 처리 작업에 적용할 수 있다. 또한, 사람과의 대화에서 정보 제공, 질문 응답, 문제 해결, 창의적인 아이디어 제안 등 다양한 상황에서 활용될 수 있으며

---

07 신동광(2023), [AI 도구를 활용한 중등교사 영어 출제 연수 사례 연구: ChatGPT를 중심으로]

API를 통해 개발자들이 ChatGPT를 자신의 애플리케이션에 통합할 수 있도록 제공되고 있다고 소개하고 있다.

ChatGPT 소개 요령에 대한 ChatGPT의 답변

You
ChatGPT에 대해 소개해줘.

ChatGPT
ChatGPT는 OpenAI에 의해 개발된 대화형 인공지능 모델입니다. 이 모델은 인간처럼 다양한 주제에 대해 자연스러운 대화를 할 수 있도록 특별히 설계되었습니다. 주요 특징은 다음과 같습니다:

1. **자연어 처리(NLP)**: ChatGPT는 자연어 처리를 기반으로 하여 사용자의 질문이나 명령을 이해하고, 관련 있는 답변을 생성합니다.
2. **다양한 주제에 대한 대화**: 일상 대화부터 과학, 기술, 문화, 역사 등 다양한 주제에 대해 대화할 수 있습니다.
3. **학습 능력**: GPT-4 아키텍처를 기반으로 하여 대량의 데이터에서 학습되었으며, 이를 통해 지속적으로 성능이 향상됩니다.
4. **다기능성**: 단순한 대화뿐만 아니라 정보 검색, 간단한 계산, 언어 번역, 창의적인 글쓰기 등 다양한 기능을 수행할 수 있습니다.
5. **사용자 인터페이스**: 텍스트 기반 인터페이스를 통해 사용자와 소통합니다. 최근에는 이미지 생성 (DALL-E) 기능도 추가되어 더욱 다양한 방식으로 상호작용이 가능해졌습니다.

ChatGPT는 지속적으로 업데이트되며, 사용자의 피드백을 통해 계속해서 발전하고 있습니다.

ChatGPT 시작해보기

OpenAI 사이트(https://openai.com/blog/chatgpt)에서 이메일로 회원가입만 하면 무료로 자유롭게 사용할 수 있다. 한 달에 20달러만 내면 플러스로 업그레이드해 더 빠른 속도와 많은 양의 정보를 받을 수 있다고 하지만 무료 버전도 충분히 질문에 대한 원하는 답변을 얻을 수 있다.

유료 버전의 가장 큰 특징은 최신 서비스를 이용할 수 있다는 점이다. 이 중 고급 데이터 분석(Advanced Data Analysis)은 pdf나 워드, 사진 등 다양한 형태의 파일을 단순히 프롬프트를 작성하는 것만으로 이용자의 요구에 맞게 수정되는 획기적인 기능이 추가되었다. 웹 등 최신 정보를 반영할 수 없는 단점을 비롯해 ChatGPT를 보완하여 다양한 플러그인 프로그램을 자유롭게 이용할 수 있게 되었다.

여기에 2023년 11월 6일 OpenAI의 첫 개발자 회의(OpenAI DevDay)에서의 발표에 의하면, 최신 AI 모델인 'GPT-4 터보(Turbo)'를 소개하였는데, 이 모델은 우선 2023년 4월까지의 정보가 업데이트됨으로써 2022년 1월까지 업데이트됐던 이전 GPT-4 버전보다 최신 답변을 제공하고 있으며, 이전 버전에서는 약 3천 단어까지만 입력할 수 있었지만, GPT-4 터보는 최대 300페이지까지 입력이 가능하다. 책 전체를 요약해 달라고 요청할 수도 있다.이와 함께 GPT-4 터보는 최신 이미지 생성 AI인 '달리 3'(DALL-E 3)의 이미지와 텍스트-음성 변환을 지원한다. 또한 OpenAI 스토어에 GPTs를 등록할 수도 있다고 했는데, GPTs는 특정 목적에 맞게 GPT를 커스톰하여 만든 ChatGPT를 의미한다. 즉 내 경험과 노하우로 '말' 즉 자연어로 챗봇을 개발할 수 있다는 것이다.

ChatGPT의 질문(프롬프트)을 잘 입력하는 방법에 대해서 다음 장에서 살펴볼 것이지만, 간략하게 살펴보면, 한글이나 영어로 질문하고, 역할을 부여하여 요구상황을 구체적으로 설명하고 원하는 조건(분량, 문서형태)로 지시하는 것이다.

OpenAI의 ChatGPT 소개화면

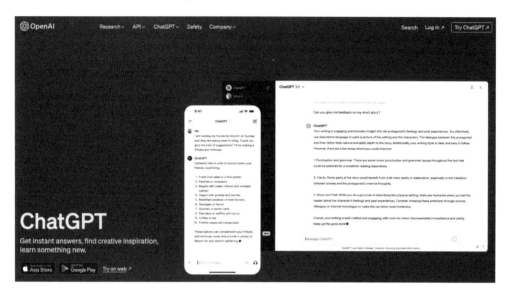

나만의 전문가 자문단 BBC

필자에게 Bing, Bard, ChatGPT와의 동시 조우는 반복된 단순 업무에 지친 호기심 때문이었다. 각각 따로 사용하던 이 도구들을 필자가 다니던 회사에서 새롭게 선보일 AI Friends에 장착할 SIT(Social Insights Tip) 서비스를 개발하며 720개에 달하는 각 멘트들을 Bing, Bard, ChatGPT에 각각 넣어보고 비교해보며 각 도구의 장점과 최적의 이용 상황을 알 수 있게 된 것이다. 필자가 BBC라 명명한 Bing, Bard, ChatGPT는 그 전문성과 상황에 맞는 언어구사력 측면에서 아주 좋은 도우미가 될 수 있음을 알 수 있었다. 어렵게만 여겨지는 사업계획서 작성에도 보조 도구로서 제대로 알고 활용한다면 사업계획서를 더욱 빛나게 만들 수 있을 것이다. 이제 나만의 전문가 자문단 BBC로 나만의 사업계획서에 날개를 달아보자.

Chapter 7

BBC를 활용해서
사업 아이템 시장조사 하기

6장에서 우리는 사업 진행 시 24시간 함께 전문적인 조언을 해 줄 수 있는 자문단을 대표적 대화형 인공지능인 Bard, Bing, ChatGPT로 제안하였다. 또한 이러한 대표적 대화형 인공지능들을 간단하고 익숙한 용어인 BBC라 명명하였다. 이번 7장에서는 두 가지 질문에 대한 BBC의 답변을 통해서 시장조사에 대한 유용한 사이트 및 틀을 알아볼 것이다. '한국 내 할랄 음식 관련 플랫폼'이라는 사업 아이템의 시장조사를 예를 통해 BBC의 특징과 활용 방법을 알아볼까 한다.

BBC를 100% 활용할 수 있는 키워드 5

• •

먼저 대화형 인공지능들의 특성을 살펴보기 전에 7장의 이해를 돕기 위해 필수적인 용어인 프롬프트(Prompt), 컴플리션(Completion), 토큰(Token), 할루시네이션(Hallucina-tion) 등 5가지만 알아보자. 사실 영어단어를 그대로 한국말로 표현한 이유는 그 단어에 맞는 뉘앙스와 정확한 의미를 다 포함할 수 없으므로 본 책에서는 외래어 형식으로 사용하여 표현했다.

프롬프트(Prompt) 형용사와 동사로 모두 쓰이는 단어로 사전에서는 '즉각적인, 신속한, 사람에게 어떤 결정을 내리도록 촉발하다, 또는 질문 힌트 등을 주어 말을 하도록 유도하다'라는 뜻을 제시한다. 프롬프트를 인공지능 분야에서는 '거대 언어 모델(Large language Model; LLM)로부터 응답을 생성하기 위한 입력값'이라 정의한다. 하지만 우리는 대화형 인공지능을 사용하는 일반인의 입장이므로 '질문'을 '프롬프트'라고 하는구나 정도로 생각하면 된다.

컴플리션(Completion) 사전에 보면, '완료, 완성'을 뜻하지만, 인공지능 분야에서는 '답변이 이루어진 텍스트값'을 뜻한다. 하지만 우리는 대화형 인공지능에서는 '답변'을 '컴플리션'이라 부른다는 정도로 이해하자.

토큰(Token) 명사와 형용사로 모두 쓰이는 단어로 '화폐 대용으로 쓰는 토큰, 상품권, 교환권, (약속·합의 등을 지키겠다는) 징표[표시]로 하는, 예고성의'을 뜻한다. 또한, 언어학 분야에서는 토큰이라고 한글로 그대로 사용하며 '단어 한 개 혹은 구두점 한 개를 지칭하는 말뭉치(corpus)의 최소 단위'를 의미한다. 프로그래밍이나 대화형 인공지능에서는 언어학 분야의 용어를 차용해서 문법적으로 더 이상 나눌 수 없는 기본적인 언어요소를 뜻한다고 한다. 예를 들어 하나의 키워드나 연산자 또는 구두점 등이 토큰이 될 수 있다.

파인튜닝(Fine-tuning) Fine이라는 단어는 "I am fine."처럼 좋다는 의미도 있지만, '미세한, 정교한'이라는 의미로도 쓰인다. Tuning은 "조율"이라는 뜻으로 악기를 조율한다고 할 때, 음을 정확하게 맞추는 것을 말한다. 따라서 "Fine tuning"은 뭔가를 정교하게 조정하거나 미세하게 바꾸는 것이다. 대화형 인공지능 관점에서는 기존에 학습한 AI 모델을 특정 목적에 맞게 더 많은 데이터와 예시를 제공하고 이를 학습하게 하여 더욱 세밀하게 조정하는 과정을 말한다. 좀 더 쉽게 설명하면, 인공지능이 완벽하지는 않아서 때로는 실수하거나 정확하게 질문의 의도를 이해하지 못할 때도 있는데, 파인튜닝은 추가적인 훈련과 안내를 제공해서 더 똑똑하게 만들고 더 잘 이해하게 돕는 것과 비슷하다고 보면 된다.

할루시네이션(Hallucination) "환각, 환영, 환청"이라는 단어이다. ChatGPT와 같은 AI 언어모델에서 '할루시네이션'은 주어진 데이터 또는 맥락에 근거하지 않은 잘못된 정보나 허위 정보를 생성하는 것을 뜻한다. 이 용어를 사용한 이유는 이것이 거짓인지 참인지 인공지능이 구별하지 못하기 때문으로 추정된다. AI 모델이 정확하지 않거나 사실이 아닌 것처럼 보이는 출력물을 생성할 때 이러한 문제가 발생할 수 있다.

5가지 용어를 살펴보았는데, ChatGPT의 경우 프롬프트에 들어갈 수 있는 데이터의 총량을 보면, ChatGPT 3의 경우는 4,096 토큰, ChatGPT 4의 경우 25,000 토큰이다. 영어의 경우 1 토큰은 통상적으로 4개의 알파벳(=0.75단어)으로 계산된다. 이는 영어의 단어 대부분이 4글자 이상이기 때문이다. 하지만 한국어의 경우 단어의 길이가 다양하기 때문에 1토큰을 4글자 단위로 계산하는 것은 적절하지 않고, 한국어의 경우 1토큰을 1글자 단위로 계산하는 것이 정확하다. 반면, Bard는 프롬프트에 한글 최대 100자까지 인식하고 처리할 수 있다. 100자 이상의 프롬프트를 입력하면, 프롬프트의 처음 100자만 인식하고 처리한다.

BBC 활용지침

• •

7장을 수월하게 읽어나가기 위해서 두 가지 활용지침을 살펴보자.

첫 번째는 '처음처럼'을 기억하자. 인공지능이 아무리 영리하고 박식하다고 해도 우리가 설명해 주지 않으면 잘 모를뿐더러, 우리의 질문에 따라 답변을 해 주기 때문에 얼마나 자세하게 질문하느냐에 따라 달라진다. 처음 사람을 소개받고 만날 때나 처음으로 담당 의사나 담당 변호사를 만날 때, 우리는 아무것도 모른다는 전제하에 자세히 설명해 주는 것을 볼 수 있다. 우리가 BBC를 자문단으로 임명했다고 하지만, 그들과도 사람들과의 첫 만남처럼 자세히 설명해 주어야 한다. 따라서 질문과 요구하는 사항 역시 구체적이어야 할 것이다.

그렇다면 어떻게 구체적으로 질문할 수 있을까? 필자는 이를 프롬프트 골든키 5로 '역관/목조분'이라 부른다. 즉 BBC에게 역할, 관련 분야, 목적, 조건, 분량(아이디어 개수 및 글자 수 등)으로 구체적으로 질문하고 요구하는 것이다. BBC 즉 대화형 인공지능은 광범위한 분야를 미리 학습하여(Pre-trained), 미세한 조정(Fine-Tuning)을 거쳐서 우리에게 서비스된다. 여기서 '광범위한 범위'를 주목해 보자. 2,000년대 초반 외환 및 재무관리 강의를 할 때 필자는 Bond라는 단어의 의미를 사람들에게 자주 질문했다. 이에 대해 일반인은 흔히 접착제인 '본드'라고 말하며, 공대 출신은 '유기체, 결합'을 경영이나 경제계열의 경우 '채권'이라 말하는 것을 볼 수 있었다. 이러한 사례는 BBC에게도 그대로 적용된다. 광범위한 분야를 학습하였기에 구체적으로 분야를 정확히 지적해주지 않으면 다른 답이 나올 수 있다. 또한, 많은 직업들이 세상에 존재한다. 이러한 직업을 우리는 역할(Act as~)로 지적하고 정의해야 하는 것도 동일한 원리라 할 수 있다. 목적, 조건, 분량은 질문의 범위를 한정하여 더 적확한 답을 얻기 위한 요령이라 할 수 있다. 이러한 프롬프트 작성요령인 '역관/목조분'을 적용한 사례는 다음 8장에서 자세히 설명할 것이다.

두 번째 'QC(Question and Checking)'를 기억하자. BBC에게 프롬프트를 통해 요구사항이나 질문을 하면 정말 그럴듯하고 전문적인 답을 얻을 수 있을 것이다. 정말 그럴듯하다. 여기서 '듯하다.'에 주목하자. 그럴듯하지만 거짓말 아니 잘못된 정보를 제공할 수 있기 때문이다. 앞 단락에서 우리는 환각, 환청이라는 할루시네이션(Hallucination)이라는 개념을 미리 학습했다. 필자는 이에 대해 농담 삼아 'BBC는 여러분에게 잘 나가다 뒤통수를 때릴 것이다'라고 말하는데, 이 뒤통수가 바로 할루시네이션인 것이다. 이 예는 다음 질문에서 구체적 예시를 볼 것이다. 여기서는 'BBC에게 질문(Question)한 뒤 답이 나오면 꼭 근거를 찾아보고 확인(Checking)하는 것을 습관화하자'라고만 기억하자. 만약 확인할 자료가 없고, 정확한 것에 대한 근거를 찾지 못하면 그 부분만큼은 과감히 버릴 필요가 있다. 잘못된 정보로 망신당한 것보다는 낫기 때문이다. 그 대표적 예는 미국에서 발생한 30년 경력의 변호사 사건이다. 2023년 5월 28일 CNN 등에 따르면 케빈 카스텔 뉴욕 맨해튼 연방 지법 판사는 거짓 판례가 다수 포함된 서류를 법원에 제출한 30년 경력의 스티븐 슈워츠 변호사가 생성형 인공지능(AI) 'ChatGPT'를 사용해 판례를 인용했다가 제재받을 처지에 놓였다. ChatGPT를 통해 인용한 판례가 실제로 존재하지 않는 '거짓'임이 밝혀졌기 때문이다. 이러한 사례는 대화형 인공지능은 시스템적으로 거짓인지 아닌지 구분할 수 없는 구조이기 때문에 결코 줄어들지 않을 것이다. 앞의 에피소드처럼 30년 경력의 변호사도 그럴듯해서 속는 것을 보면서 확신이 가지 않고 모호한 경우나 근거를 찾을 수 없는 경우라면, 다시 한번 강조하는데 그 정보는 과감히 버리자.

개념 질문을 통해 살펴본
BBC의 특징과 프롬프트 산출물

• • •

ChatGPT의 돌풍 이후 등장한 Bing과 Bard는 공통되는 특징과 회사의 정책에 따라 각각 다른 특징들을 보여준다. 형태적인 면에서 ChatGPT와 다르게 Bard와 Bing의 경우 답안을 3개로 제시한다는 점에서 공통점을 가진다. 이렇게 BBC가 준 답들에는 어떤 다른 특징을 가지고 있을까? 본 장에서는 시장규모 및 시장조사를 위한 자문 도구로서 BBC를 활용하기로 했으므로 시장규모 및 시장조사에 질문을 통해 BBC의 특성을 살펴보자.

BBC에게 한 질문은 "플랫폼 스타트업 창업자로서 한국 시장에서 시장규모 및 시장조사를 위한 좋은 툴은 어떤 것이 있나?"이다. 먼저 Bing의 답변은 '보다 창의적인 답변', '보다 균형 있는 답변', '보다 정밀한 답변' 세 가지 중 선택하게 되어있다. 구조적 측면에서 이 3가지 답변은 도입과 소개를 거친 후 웹검색을 통해 찾았다는 언급과 답변 그리고, 마지막 인사를 하는 완결적 구조를 지녔다.

내용적 측면에서 창업자들이 꼭 알아야 할 시장규모 추정 방법을 먼저 제시하고 있다. 답변 1과 답변 2에서 제시한 TAM-SAM-SOM Approach는 실제로 벤처 캐피털리스트 (VC) 등의 전문투자자들과 정책자금 집행의 심사위원들이 중요하게 여기는 툴이므로 꼭 기억해두자. 내용을 보면, TAM은 Total Available Market, 즉 전체 시장규모를 의미하고, SAM은 Serviceable Available Market, 즉 자신의 제품이나 서비스가 진입할 수 있는 유효 시장규모를 의미한다. SOM은 Serviceable Obtainable Market, 즉 자신의 제품이나 서비스가 실제로 점유할 수 있는 수익 시장규모를 의미한다고 되어있다. 3번째 답변은 시장조사를 통한 좋은 툴로서 다양한 사이트들을 소개하고 있는데, 답변의 근거로 특정 블로그(https://brunch.co.kr/@socialmkt/34)의 내용으로 설명하고 있는데, 다만, 경제/경영

분야의 삼성경제연구소 SERI의 경우는 2022년 12월 28일부로 서비스가 종료되었으므로 참조하자. 잘 정리된 내용이라도 최종 업데이트 날짜를 확인하고 일일이 들어가서 내 분야에 참조할 수 있는 사이트는 따로 정리해 두는 것도 좋은 방법이다.

시장규모 및 시장조사 툴에 대한 Bing의 답변

질문	플랫폼 스타트업 창업자로서 한국에서 시장규모 및 시장조사를 위한 좋은 툴은 어떤 것이 있나?
Bing 답변 1 (보다 창의적인)	안녕하세요, 이것은 빙입니다. 플랫폼 스타트업 창업자로서 한국에서 시장규모 및 시장조사를 위한 좋은 툴에 대해 궁금하신 것 같습니다. 저는 웹 검색을 통해 몇 가지 유용한 정보를 찾아보았습니다. 시장규모 추정을 위한 가장 쉬운 방법은 TAM-SAM-SOM Approach라고 합니다. TAM은 Total Available Market, 즉 전체 시장규모를 의미하고, SAM은 Serviceable Available Market, 즉 자신의 제품이나 서비스가 진입할 수 있는 시장규모를 의미합니다. SOM은 Serviceable Obtainable Market, 즉 자신의 제품이나 서비스가 실제로 점유할 수 있는 시장규모를 의미합니다. 이 세 가지 개념을 활용하여 자신의 사업의 성장 가능성과 목표를 설정할 수 있습니다1. 스타트업을 위한 시장조사 방법은 크게 거시 환경, 고객, 경쟁사, 유통 4가지로 구분하여 조사하고 분석할 수 있습니다. 거시 환경은 정치, 경제, 사회, 기술 등의 요인들을 분석하여 시장에 영향을 미치는 외부적인 요인들을 파악하는 것입니다. 고객은 자신의 제품이나 서비스의 타겟 고객군을 정의하고, 그들의 니즈와 행동 패턴을 조사하는 것입니다. 경쟁사는 자신의 제품이나 서비스와 유사하거나 대체할 수 있는 제품이나 서비스를 제공하는 기업들을 분석하고, 그들의 강점과 약점을 비교하는 것입니다. 유통은 자신의 제품이나 서비스가 고객에게 어떻게 전달되는지, 어떤 채널을 활용할 수 있는지, 어떤 비용과 수익이 발생하는지 등을 조사하는 것입니다2. 스타트업 비즈니스 개발에서는 시장규모 추정에 있어서 VC들이 선호하는 방법은 TAM-SAM-SOM 방법이라고 합니다. 이 방법은 전체 시장규모(TAM)에서 자신의 제품이나 서비스가 진입할 수 있는 시장규모(SAM)를 추정하고, 그중에서 실제로 점유할 수 있는 시장규모(SOM)를 추정하는 방법입니다. 이 방법은 시장규모를 구체적이고 현실적으로 추정할 수 있으며, VC들에게 자신의 사업의 가치와 잠재성을 보여줄 수 있습니다3. 위의 정보들이 도움이 되셨으면 좋겠습니다. 더 궁금하신 점이 있으시면 언제든지 물어보세요! 자세한 정보: 1. verticalplatform.kr 2. bing.com 3. verticalplatform.kr

Bing 답변 2 (보다 균형있는)	한국에서 시장규모 및 시장조사를 위한 좋은 툴로는 TAM-SAM-SOM 방법이 있습니다. 이 방법은 시장규모를 추정하는 가장 쉬운 방법 중 하나입니다. TAM-SAM-SOM 관점에서 성장 마일스톤을 3단계 정도로 수립하고, 단계별로 어떤 실행방안, 특히 SOM에서 신속한 시장점유율 확보를 위해 12개월 동안 무엇을 구체적으로 준비해야 할지를 Detail 하게 뽑아내야 합니다. 또한, 성공 창업을 위한 시장조사 및 시장분석을 통해 시장에 대한 환경과 시장규모, 성장률을 보고 시장성을 평가하고, 시장의 경쟁 구도 및 점유율을 보고 자사의 경쟁력을 평가하여 향후 사업 전략을 수립할 수 있습니다2. 참고로, TAM-SAM-SOM 방법은 VC들이 선호하는 방법 중 하나입니다3. 1: https://verticalplatform.kr/archives/5494 3: https://verticalplatform.kr/archives/4855 2: https://bing.com/search?q=한국+플랫폼+스타트업+시장규모+및+시장조사+툴
Bing 답변 3 (보다 정밀한)	한국에서 시장조사를 위한 좋은 툴로는 다양한 사이트들이 있습니다. 예를 들어, 삼성경제연구소 (SERI) 1과 같은 경제/경영 분야의 사이트들이 있습니다. 또한, 국가통계포털 1과 같은 일반 통계 분야의 사이트들도 있습니다. 이 외에도 정보통신 분야의 사이트들과 마케팅/광고/PR 분야의 사이트들, 그리고 소셜/빅데이터 분야의 사이트들도 있습니다 1. 이러한 사이트들을 참조하시면 시장규모 및 시장조사에 도움이 될 것입니다. 받은 메시지. 한국에서 시장조사를 위한 좋은 툴로는 다양한 사이트들이 있습니다. 예를 들어, 삼성경제연구소 (SERI) 와 같은 경제/경영 분야의 사이트들이 있습니다. 또한, 국가통계포털 과 같은 일반 통계 분야의 사이트들도 있습니다. 이 외에도 정보통신 분야의 사이트들과 마케팅/광고/PR 분야의 사이트들, 그리고 소셜/빅데이터 분야의 사이트들도 있습니다. 이러한 사이트들을 참조하시면 시장규모 및 시장조사에 도움이 될 것입니다. 자세한 정보: 1. brunch.co.kr 2. brunch.co.kr 3. blog.ibk.co.kr https://brunch.co.kr/@socialmkt/34

두 번째, Bard의 경우는 구조적 측면에서 답변에 대해 먼저 도입을 하고, 툴을 제시하고 마무리하는 형식을 전체적으로 갖췄다. 또한, 답변 1에서는 네이버 데이터랩, 다음 빅카인즈, 한국은행 경제통계시스템, 통계청, 한국소비자원 등 5가지 툴을, 답변 2에서는 네이버 데이터랩, 다음 통계, KRNIC, 한국은행, 통계청 등 5가지 툴을, 답변 3에서는 네이버 데이터랩, 다음 빅카인즈, 크레딧스코어, 한국은행 경제통계시스템, 통계청 5가지

툴을 먼저 제시하고, 특징을 다시 설명하는 형식을 보여주었다. 서론-본론-결론의 3단 구성을 대부분 지키는 형태를 보여준다. 이는 질문에 대해서 완결적 구조를 보여줌을 알 수 있다.

이제 내용적 측면에서 살펴보자. 앞 단락에서 우리는 2가지 자세에서 QC(Question and Checking)를 언급하였다. 사실 본 질문에서는 '역관/목조분'을 정확히 지키지는 않았다. 이는 이 질문요령을 사용하지 않을 때 대화형 인공지능의 전형적인 답변을 보여주기 위함이다. 영어로 답변하는 요령, 분량 등의 설명은 다음 8장으로 미뤄둔다. 한편 목적, 조건, 분량을 요구하지 않았지만 답변에는 5가지 툴을 제시함을 볼 수 있다.

다시 QC로 돌아와 'BBC에게 질문(Question)한 뒤 답이 나오면 이를 꼭 근거를 찾아보고 확인(Checking)하는 것을 습관화하자'를 보자. 과연 그럴듯한 5가지 툴의 정보가 정확할까인데, 하나하나 살펴볼 필요가 있다. 또한, 이러한 툴을 검색하고 조사하고 확인하며 사용해보는 것도 사업계획서 작성에 유용한 자산이 될 것이다.

여기서 퀴즈! 아래의 표인 [시장규모 및 시장조사 툴에 대한 Bard의 답변]을 읽고 3가지 틀린 정보를 찾아보자. 꼭 표를 먼저 읽어보고 필자가 제시한 답을 보자.

시장규모 및 시장조사 툴에 대한 Bard의 답변

질문	플랫폼 스타트업 창업자로서 한국에서 시장규모 및 시장조사를 위한 좋은 툴은 어떤 것이 있나?
Bard 답변 1	플랫폼 스타트업 창업자로서 한국에서 시장규모 및 시장조사를 위한 좋은 툴은 다음과 같습니다. – 네이버 데이터랩 : 네이버 검색, 블로그, 뉴스, 카페 등 다양한 네이버 서비스의 데이터를 제공합니다. – 다음 빅카인즈 : 다음 검색, 뉴스, 카페, 블로그 등 다양한 다음 서비스의 데이터를 제공합니다. – 한국은행 경제통계시스템 : 한국은행에서 제공하는 다양한 경제 통계를 제공합니다. – 통계청 : 통계청에서 제공하는 다양한 통계를 제공합니다. – 한국소비자원 : 한국소비자원에서 제공하는 다양한 소비자 조사 결과를 제공합니다. 이러한 툴을 활용하여 시장규모, 시장 동향, 경쟁사 분석 등을 수행할 수 있습니다. 이를 통해 창업 아이템의 타당성을 검증하고 성공 가능성을 높일 수 있습니다. 아울러 플랫폼 스타트업은 시장조사뿐만 아니라 기술개발, 마케팅, 운영 등 다양한 분야의 역량을 갖추는 것이 중요합니다. 이러한 역량을 갖추기 위해 다양한 교육과 멘토링 프로그램에 참여하는 것이 좋습니다.
Bard 답변 2	플랫폼 스타트업 창업자로서 한국에서 시장규모 및 시장조사를 위한 좋은 툴은 다음과 같습니다. – 네이버 데이터랩: 네이버에서 제공하는 무료 데이터 분석 도구로, 다양한 주제에 대한 시장규모, 트렌드, 인구통계학적 정보 등을 제공합니다. – 다음 통계: 다음에서 제공하는 무료 데이터 분석 도구로, 네이버 데이터랩과 유사한 기능을 제공합니다. – KRNIC: 한국인터넷진흥원에서 제공하는 무료 데이터 분석 도구로, 인터넷 관련 시장규모, 트렌드, 인구통계학적 정보 등을 제공합니다. – 한국은행 : 한국은행에서 제공하는 무료 데이터 분석 도구로, 경제 전반에 대한 시장규모, 트렌드, 인구통계학적 정보 등을 제공합니다. – 통계청 : 통계청에서 제공하는 무료 데이터 분석 도구로, 사회 전반에 대한 시장규모, 트렌드, 인구통계학적 정보 등을 제공합니다. 이 외에도 다양한 시장조사 툴이 제공되고 있습니다. 플랫폼 스타트업 창업자는 자신의 사업 분야와 목적에 맞는 툴을 선택하여 활용하는 것이 좋습니다. 시장조사 툴을 활용하여 시장규모, 트렌드, 인구통계학적 정보를 파악하면 사업 아이디어를 구체화하고, 마케팅 전략을 수립하는 데 도움이 됩니다. 또한, 사업을 성공적으로 운영하는 데 필요한 정보를 제공합니다.

Bard 답변 3	한국에서 플랫폼 스타트업 창업자로서 시장규모 및 시장조사를 위한 좋은 툴은 다음과 같습니다. – 네이버 데이터랩 – 다음 빅카인즈 – 크레딧스코어 – 한국은행 경제통계시스템 – 통계청 이러한 툴을 활용하면 시장규모, 시장 동향, 경쟁업체 분석, 소비자 조사 등 다양한 정보를 얻을 수 있습니다. 이를 통해 플랫폼 스타트업 창업자는 성공적인 사업계획을 수립하고 비즈니스 성장을 도모할 수 있습니다. 다음은 각 툴의 특징을 간략히 설명합니다. **– 네이버 데이터랩** 네이버 검색, 블로그, 지도 등 네이버의 다양한 서비스에서 수집한 데이터를 제공합니다. 시장규모, 시장 동향, 경쟁업체 분석, 소비자 조사 등 다양한 정보를 얻을 수 있습니다. **– 다음 빅카인즈** 다음 검색, 카페, 뉴스 등 다음의 다양한 서비스에서 수집한 데이터를 제공합니다. 시장규모, 시장 동향, 경쟁업체 분석, 소비자 조사 등 다양한 정보를 얻을 수 있습니다. **– 크레딧스코어** 기업의 신용도와 재무상태를 평가하는 툴입니다. 플랫폼 스타트업의 사업성 평가에 도움이 됩니다. **– 한국은행 경제통계시스템** 한국은행에서 제공하는 경제 통계 데이터를 제공합니다. 시장규모, 시장 동향, 경제지표 등 다양한 정보를 얻을 수 있습니다. **– 통계청** 통계청에서 제공하는 통계 데이터를 제공합니다. 시장규모, 시장 동향, 인구통계 등 다양한 정보를 얻을 수 있습니다. 이러한 툴을 활용하여 플랫폼 스타트업 창업자는 성공적인 사업계획을 수립하고 비즈니스 성장을 도모할 수 있습니다.

어떤가? 정말 그럴듯하지 않은가? 틀린 것이 없다고 생각할 수도 있다. 하지만, 첫 번째, '다음 빅카인즈'는 사실 '그럴듯한' 답변이며 할루시네이션의 대표적 사례이다. 실제

이 질문에 대한 답을 여러 인공지능 전문가나 창업 전문 컨설턴트에게 보여주었는데 어떤 부분이 틀렸는지 파악한 전문가들이 매우 적었다. 심지어 답을 말해주니 "다음과 빅카인즈가 제휴해서 하는구나"로 그냥 틀리지 않았을 거라고 생각하면서 넘어갔다고 했던 전문가도 있었다. 엄밀하게 '다음'의 경우 2014년 5월 카카오와 합병되었고, 2015년 10월 카카오로 이름이 공식 변경되었다. 카카오의 경우 카카오 통계로 웹트랜드 등을 서비스하고 있다. 빅카인즈는 한국언론진흥재단이 제공하는 뉴스 빅데이터 분석서비스이다. 언론사별 뉴스, 이슈, 키워드 등을 한눈에 볼 수 있는 유용한 서비스이다.

둘째, 크레딧스코어 역시 할루시네이션의 예이다. 크렛딧스코어는 신용점수를 뜻한다. 개인신용에 대해 NICE 신용정보, KCB, SCI 신용정보사가 제공하는 서비스명들이 직관적이지만, 그 직관적인 서비스에도 크레딧스코어는 없다. 예를 들어 NICE 지킴이, NICE BizLINE 등 모두 직관적인 이름이나, 크레딧스코어라는 명칭으로 국내에 서비스한 경우는 없다.

셋째, KRNIC도 엄밀하게 말하면, 무료 데이터 분석 도구는 아니다. 한글로 번역하면 '한국인터넷정보센터'가 된다. KRNIC은 1999년 6월에 설립되었으며, 2009년 3개 ICT 기관이 통합한 한국인터넷진흥원(KISA)이 탄생하였고, 2004년 제정된 인터넷주소자원에 관한 법률에 따라 인터넷주소자원에 관한 정책연구 및 제도개선, 기술개발 및 표준화, 인터넷의 효율적 운영과 이용 활성화를 위한 지원, 국제 인터넷주소 관련 기구와의 협력 등의 업무를 수행하고 있다. 자료실을 통해 통계 등의 정보를 얻을 수 있으나, 정확히 무료 데이터 분석 도구라 할 수는 없다. 이렇게 보면 통계청의 설명도 정확하지 않다고 지적할 수 있지만, 한국은행 경제통계시스템(https://ecos.bok.or.kr/)을 통해 정보를 얻을 수 있으므로 틀린다고 보기에는 모호하다.

이제 마지막으로 똑같은 질문에 대한 ChatGPT의 답변을 보자. 여기서는 맛보기이므로 무료 버전을 살펴보고, 8장에서는 유료 버전과 그 활용법까지 같이 살펴볼 것이다. 여기서도 아래 [시장규모 및 시장조사 툴에 대한 ChatGPT의 답변]에 대하여 먼저 읽어보자.

시장규모 및 시장조사 툴에 대한 ChatGPT의 답변

질문	플랫폼 스타트업 창업자로서 한국에서 시장규모 및 시장조사를 위한 좋은 툴은 어떤 것이 있나?
ChatGPT 답변	한국에서 플랫폼 스타트업을 창업하려는 경우, 시장규모 및 시장조사를 위한 몇 가지 도구와 리소스를 활용할 수 있습니다. 아래에 몇 가지 추천해 드리겠습니다. **통계청 및 정부 기관** 한국 통계청(www.kostat.go.kr)은 다양한 산업 및 경제 데이터를 제공합니다. 또한, 한국정보화진흥원(KISA, www.kisa.or.kr) 및 산업통상자원부(MOTIE, www.motie.go.kr)와 같은 정부 기관은 산업 동향과 통계 데이터를 제공하여 시장조사에 도움을 줄 수 있습니다. **시장조사 기업 및 리서치 보고서** 한국 내에서는 많은 시장조사 기업들이 있으며, 이들은 다양한 산업 및 시장에 대한 조사 및 분석 보고서를 제공합니다. 대표적인 기업으로는 삼성경제연구소, 한국정보통신진흥협회(KAIT), NH투자증권 등이 있습니다. 이러한 기업들의 보고서를 구매하거나 업계 동향과 성장 가능성에 대한 통찰력을 얻기 위해 리서치 보고서를 참고할 수 있습니다. **온라인 검색 및 데이터베이스** 네이버, 다음, 구글 등의 검색엔진을 활용하여 관련 키워드로 검색하면 산업 동향, 경쟁사 정보, 관련 뉴스 등을 찾을 수 있습니다. 또한, 한국기업정보(KIPO, www.kipo.go.kr)와 같은 데이터베이스에서 기업 등록 정보, 특허 정보, 출원 정보 등을 찾을 수 있습니다. **소셜 미디어 분석** 한국에서는 소셜 미디어가 많은 영향력을 가지고 있으며, 소셜 미디어 분석 도구를 활용하여 관련 키워드와 함께 소셜 미디어 플랫폼에서의 사용자 반응, 트렌드 등을 파악할 수 있습니다. 대표적인 소셜 미디어 분석 도구로는 플랫폼 내장 도구 또는 제3자 도구인 트레디비(Trendify), 카카오 알림(Kakao Alert) 등이 있습니다. **공식 및 비공식 네트워크** 창업자, 산업 전문가, 투자자, 기술 커뮤니티 등의 사람들과 연결되어 네트워킹을 할 수 있습니다. 이를 통해 다양한 시장 정보를 얻고 관련 트렌드를 파악할 수 있습니다. 스타트업 허브, 비즈니스 커뮤니티, 산업 및 스타트업 이벤트에 참여하거나 온라인 플랫폼을 활용하여 네트워킹을 할 수 있습니다. 이러한 도구와 리소스를 활용하여 한국의 시장규모, 경쟁사 분석, 타깃 시장 트렌드 등을 조사하고 분석하여 플랫폼 스타트업을 성공적으로 창업할 수 있습니다.

구조적 측면에서 보면, 질문요약을 통한 도입, 답변 내용(추천 툴), 마무리와 같이 완결된 구조로 되어있다. 내용적 측면에서 통계청 및 정부 기관, 시장조사 및 기업 리서치

보고서, 온라인 검색 및 데이터 베이스, 소셜 미디어 분석, 공식 및 비공식 네트워크 등 큰 틀은 어느 전문가보다 잘 설명해 주고 있다. 다만, 계속 강조하고 있는 할루시네이션(Hallucination)을 예방하기 위해 '두 가지 자세' 중 두 번째, QC 즉 'BBC에게 질문(Question)한 뒤 답이 나오면 이를 꼭 근거를 찾아보고 확인(Checking)하는 것을 습관화하자'를 상기하자. 확인하는 방법은 각 사이트를 하나하나 들어가 보는 것이다. 이러한 행동을 결코 귀찮아해서도 안 되며, 필수적인 습관으로 만들어야 할 것이다.

ChatGPT가 추천한 사이트를 직접 들어가 보자. 답변에서 시장조사 기업으로 '삼성경제연구소, 한국정보통신진흥협회(KAIT), NH투자증권'을 추천하고 있는데, 앞에서 설명한 대로 삼성경제연구소의 SERI는 2022년 12월로 포럼 등 서비스를 종료했고, 다만 ㈜멀티캠퍼스에서 SERICEO, SERIPRO로 유용한 정보를 제공하고 있다. 참고로 ㈜멀티캠퍼스의 이전 회사명은 삼성멀티캠퍼스였다. 또한 한국정보통신진흥협회의 경우 IT 관련 유용한 정보(KAIT 간행물을 통해 인력 동향, 기업 경기조사보고서 등을 제공)를 제공하고 있으나 IT 관련 업체들의 협의체라 할 수 있다. 마지막으로 대형증권사가 아닌 NH증권을 추천한 게 이색적인데, 각 증권사마다 있는 리서치센터의 정보를 얻을 수 있으므로 참조하면 된다. 한국기업정보(KIPO, www.kipo.go.kr) 역시 할루시네이션이다. KIPO는 특허청 사이트이며, 한국기업정보라는 회사는 없고, 기업평가정보를 얻고 싶으면 한국기업평가나 KoDATA(한국평가데이터)을 검색하여 이용하면 된다.

소셜 미디어 분석 도구에 관한 내용도 거짓 정보 즉 할루시네이션이다. 표에서 "대표적인 소셜 미디어 분석 도구로는 플랫폼 내장 도구 또는 제3자 도구인 트레디비(Trendify), 카카오 알림(Kakao Alert) 등이 있습니다."에서 트레디비와 Trendify는 다른 회사이다. 트레디비는 필자가 검색 등의 다양한 방법을 통해 알아봐도 트리디비라는 조경 관련 회사만 검색된다. Trendify는 소셜 미디어 분석 도구인 것은 맞으나 국내용 소셜 미디어 분석 도구는 아니다. 카카오 알림은 정확히는 카카오 알림톡을 가리키는 것으로 보이며,

카카오 알림톡은 기업이나 개인이 정보성 메시지를 제공하거나 홍보 수단으로 이용할 수 있다. 소셜 미디어 분석 도구로는 오히려 썸트렌드(https://some.co.kr/)나 빅풋(https://bigfoot9.com/)을 이용하면 된다.

각 상황에 최적화된 BBC는?

대화형 인공지능의 이용 시 가장 문제가 될 수 있는 할루시네이션(Hallucination)의 강조로 오히려 독자들에게 혼란을 줄 수도 있기에 여러 번 원고를 거치며 고민했었다. 하지만, 질문에 대한 BBC의 답변이 전반적으로 유용한 정보로 이뤄졌기 때문에 틀린 내용을 수정하며 정확히 숙지하는 게 낫다는 결론으로 내용을 전개하였다.

동일한 질문을 통해 각 대화형 인공지능의 미세한 차이 및 분석 도구의 정확성을 맛보았다. 트랜드 및 정확성은 검색을 통해 그리고, 참조 사이트 등을 각주 형식으로 보여주는 Bing이 우수하였다. 답변 속도 측면에서는 Bard가 우수하였으며, 상황과 질문에 따라 달라질 수 있지만, 문장의 완결성 측면에서는 Bard와 ChatGPT가 상대적으로 우수하였다. 다만, ChatGPT의 경우 가장 먼저 출시된 관계로 다양한 플러그인이나 응용 프로그램들의 확장성으로 인해 ChatGPT가 시장을 독점할 수도 있다는 사실을 염두 해주자. 사업계획서를 작성하는 측면에서도 글을 다듬을 때, 일반화시킬 때 Bard, Bing, ChatGPT 모두 유용한 도구이다. 또한 여기에 전문가의 조언과 논문 및 검색 등 본인이 가용할 수 있는 수단을 같이 결합해서 BBC를 이용하면 더욱 완성도 높은 사업계획서를 작성할 수 있을 것이다.

BBC를 활용한 시장조사 예시:
한국 할랄 음식 관련 플랫폼

• •

BBC를 활용한 시장조사를 할 경우 두 가지 자세를 기억하며 하자고 했다. 먼저 '처음처럼'으로 자세하게 '역관/목조분'으로 프롬프트를 구성하고, 질문 후에는 QC를 질문하고 내용을 확인 검색하는 절차를 꼭 거쳐야 한다는 것이다. 다음 장에서 자세히 다룰 것이지만, Bing과 Bard, ChatGPT에 "플랫폼 스타트업 창업자로서 한국 내에 할랄 음식 관련 플랫폼을 만들려고 한다. TAM-SAM-SOM Approach로 시장규모 및 시장을 분석해줘"라는 질문에 대해 필자가 BBC의 모든 답변을 검토하고 할루시네이션 등을 제외하고 채택한 답변은 'Bing의 보다 창의적인 답변'이었다. 사례로 든 '한국 내 할랄 음식 관련 플랫폼'이라는 사업 아이템의 경우 필자의 교육과 자문을 통해 청년사관학교 등에 합격한 실제 사례이다. 교육과 자문 시기가 BBC가 아직 서비스되지 않은 때라 그때는 관광 통계, 논문 등을 참조하여 작성하였다. 독자 여러분의 경우에도 본인의 사업계획서 작성 시에는 BBC뿐만 아니라 검색과 관광 통계, 논문 등을 참조해서 더욱 정확하고 엄밀하게 작성하여야 할 것이다. 본 사례를 통한 적용은 8장에서 자세하게 살펴보자.

한국 내 할랄 음식 관련 플랫폼의 Bing의 답변

질문	플랫폼 스타트업 창업자로서 한국에서 시장규모 및 시장조사를 위한 좋은 툴은 어떤 것이 있나?
Bing의 보다 창의적인 답변	안녕하세요, 이것은 빙입니다. 창업자로서 한국 내에 할랄 음식 관련 플랫폼을 만들려고 한다면, TAM-SAM-SOM Approach로 시장규모와 시장을 분석하는 것이 좋습니다. TAM-SAM-SOM Approach란 다음과 같습니다. **TAM (Total Addressable Market)** 전체 시장규모로, 플랫폼이 제공하는 제품이나 서비스를 필요로 하는 모든 고객의 수익을 합한 것입니다.

**Bing의
보다 창의적인
답변**

SAM (Serviceable Available Market) 실제로 서비스할 수 있는 시장규모로, 플랫폼이 직접 접근할 수 있는 고객의 수익을 합한 것입니다.

SOM (Serviceable Obtainable Market) 당장 서비스할 수 있는 시장규모로, 플랫폼이 현재의 경쟁력과 자원으로 얻을 수 있는 고객의 수익을 합한 것입니다.

TAM-SAM-SOM Approach를 적용하기 위해서는 다음과 같은 정보가 필요합니다.

한국의 할랄 음식 시장규모 이는 한국에 거주하는 무슬림 인구와 그들의 소비 성향에 따라 달라집니다. 한국이슬람교중앙회에 따르면 2018년 기준 한국인 무슬림은 6만 명이고, 외국인 무슬림은 20만 명으로 총 26만 명입니다1. BBC News 코리아에 따르면 2020년 기준 한국 인구 중 무슬림은 0.4% 수준으로 추산되며, 이는 약 20만 명입니다2. 이들의 평균 소득과 할랄 음식에 대한 지출 비율을 고려하면, 한국의 할랄 음식 시장규모는 대략 1조 원 정도로 추정할 수 있습니다3.

플랫폼이 서비스할 수 있는 고객 이는 플랫폼의 타겟 고객과 그들의 접근성에 따라 달라집니다. 플랫폼이 제공하는 서비스가 할랄 음식 배달이라면, 배달 가능한 지역과 그 지역의 무슬림 인구를 고려해야 합니다. 예를 들어, 서울에서만 서비스한다면, 서울의 무슬림 인구는 약 10만 명으로 추정되며4, 이 중 배달을 이용할 수 있는 고객은 약 5만 명 정도로 가정할 수 있습니다. 플랫폼이 제공하는 서비스가 할랄 음식 정보나 리뷰라면, 인터넷 접속이 가능한 모든 무슬림 고객을 대상으로 할 수 있습니다. 이 경우에는 한국의 전체 무슬림 인구인 20~26만 명을 TAM으로 볼 수 있습니다.

플랫폼이 얻을 수 있는 고객 이는 플랫폼의 마케팅 전략과 경쟁력에 따라 달라집니다. 플랫폼이 할랄 음식 시장에서 독창적이고 차별화된 가치 proposition을 제공한다면, 높은 시장점유율을 기대할 수 있습니다. 예를 들어, 플랫폼이 할랄 인증을 받은 음식점만을 엄선하고, 무슬림 고객의 편의와 안전을 위한 다양한 기능을 제공한다면, 고객의 신뢰와 만족도를 높일 수 있습니다. 반면, 플랫폼이 기존의 음식 배달이나 정보 서비스와 크게 다르지 않다면, 경쟁력이 낮아질 수 있습니다. 이 경우에는 플랫폼의 브랜딩, 가격, 서비스 품질 등을 고려해야 합니다.

따라서, 한국 내에 할랄 음식 관련 플랫폼을 만들려고 한다면, 다음과 같은 예시로 TAM-SAM-SOM Approach를 적용할 수 있습니다.

TAM 한국의 할랄 음식 시장규모인 1조 원

SAM 서울에서 할랄 음식 배달 서비스를 제공하는 플랫폼이라면, 서울의 무슬림 인구 10만 명의 평균 소득과 할랄 음식에 대한 지출 비율을 곱한 값인 약 500억 원

SOM 플랫폼이 서울의 할랄 음식 배달 시장에서 10%의 점유율을 달성한다면, SOM은 50억 원

이렇게 TAM-SAM-SOM Approach를 통해 시장규모와 시장을 분석하면, 플랫폼의 잠재적인 수익과 성장 가능성을 파악할 수 있습니다. 또한, 플랫폼의 강점과 약점, 기회와 위협을 SWOT 분석 등으로 도출하고, 경쟁사 분석 등으로 시장 상황을 파악하면, 플랫폼의 전략을 보다 구체적으로 수립할 수 있습니다.

창업자로서 한국 내에 할랄 음식 관련 플랫폼을 만들려고 한다면, 이러한 방법들을 참고하시기 바랍니다. 빙은 언제나 여러분의 성공을 응원합니다.

공식 및 비공식 네트워크 창업자, 산업 전문가, 투자자, 기술 커뮤니티 등의 사람들과 연결되어 네트워킹을 할 수 있습니다. 이를 통해 다양한 시장 정보를 얻고 관련 트렌드를 파악할 수 있습니다. 스타트업 허브, 비즈니스 커뮤니티, 산업 및 스타트업 이벤트에 참여하거나 온라인 플랫폼을 활용하여 네트워킹을 할 수 있습니다.

이러한 도구와 리소스를 활용하여 한국의 시장규모, 경쟁사 분석, 타깃 시장 트렌드 등을 조사하고 분석하여 플랫폼 스타트업을 성공적으로 창업할 수 있습니다.

마무리하며

• •

이번 7장에서는 BBC 자문단을 활용해서 사업 아이템의 시장조사를 살펴보았다. BBC를 활용하기 위한 가장 기초적인 개념용어인 프롬프트(Prompt), 컴플리션(Completion), 토큰(Token), 할루시네이션(Hallucination)을 알아보았고, 명심해야 할 두 가지 자세로서 '처음처럼'과 '역관목조분'을 설명하였다.

이에 대한 적용으로 개념 질문인 "플랫폼 스타트업 창업자로서 한국에서 시장규모 및 시장조사를 위한 좋은 툴은 어떤 것이 있나?"에 대한 BBC의 답변과, 답변 중 할루시네이션을 지적하고 이를 고쳐 실제 적용할 수 있는 사이트도 제시하였다. 이 부분을 작성할 때, 대화형 인공지능 이용 시 가장 문제가 될 수 있는 할루시네이션(Hallucination)의 강조로 오히려 독자들에게 혼란을 줄 수도 있기에 여러 번 원고를 거치며 고민했었다. 하지만, 질문에 대한 BBC의 답변이 전반적으로 유용한 정보로 이뤄졌기 때문에 틀린 내용을 수정하며 정확히 숙지하는 게 낫다는 결론으로 내용을 전개하였다.

마지막으로는 맛보기로 BBC를 활용한 시장조사 예시로 한국 할랄 음식 관련 플랫폼을 들었는데, 여러 답변 중 수정사항은 비록 있지만 가장 좋은 답변인 'Bing의 보다 창의적인 답변의 원문'을 소개하였다. 이 사례는 9장에서 자세히 살펴볼 것이다.

Chapter 8
BBC에 명령·질문하기
(프롬프트 구성법)

우리는 7장에서 공통 질문에 대한 BBC의 답변과 사업 아이템 예시를 통해서 시장조사에 대한 유용한 사이트 및 개념 틀의 활용 방법을 살펴보았다. 이번 8장에서는 BBC 자문단을 활용하는 효율적인 질문 및 명령 요령인 프롬프트 작성법을 학습할 것이다.

BBC 프롬프트 이해를 위한 키워드

• • •

먼저 7장에서 살펴본 키워드 Top 5를 다시 복습해보자. 프롬프트(Prompt)는 대화형 인공지능을 사용하는 일반인의 관점에서 '질문'이나 '명령' 정도로, 컴플리션(Completion)은 '답변'으로, 토큰은 말뭉치(corpus)의 최소 단위로 이해하였다. 마지막으로 할루시네이션(Hallucination)은 환각이라는 단어의 의미처럼 현실과 가상을 구분하지 못하는 경계 즉 거짓 정보를 진짜 정보라 믿으며 그럴듯하게 생성한 '거짓 정보'라 정의하였으며, 파인튜닝(Fine-tuning)에 대해서도 살펴보았다. 또한 할루시네이션이 미치는 악영향이 사업계획서 작성에 얼마나 중요한지를 강조하였다. 결국 할루시네이션을 방지하는 방법은 QC(질문하고 확인하는 것)임을 강조하였다. 이번 8장에서는 프롬프트 작성법의 이해를 위해서 필요한 개념용어인 콘텍스트(Context)를 살펴보자.

콘텍스트(Context)

"맥락"이라는 뜻을 가진 단어이다. 단어 자체의 의미가 대화형 인공지능에서 바뀌는 것이 아니라 Bing과 ChatGPT의 경우 프롬프트를 기반으로 답변이 이루어지기 때문에 매우 중요한 개념이므로 다루어 보았다. 콘텍스트를 유지한다는 것은 여러 가지 해석이 가능한 경우일지라도 암묵적으로 특정 경우에 한정하여 대화를 전개하는 것이다. 콘텍스트의 오류는 크게 문맥에 따른 단어 해석 오류, 문장의 의미 파악 오류, 편향된 데이터에 의해서 나타난다. 대화형 인공지능 BBC에서 이를 극복하기 위한 방법으로 첫째, 새로운 대화창(New Chat)으로 다시 이야기를 전개하거나, 둘째, 프롬프트 창에 상세한 지시와 정보를 제공하여 더 나은 답안으로 수정하는 것이다. 필자는 이를 꼬꼬무(꼬리에 꼬리를 무는 질문)라고 부른다.

BBC가 설명하는
BBC 프롬프트 구성요령 ABC

• • •

대규모 언어모델에 기반한 대화형 인공지능은 Summarizing(요약하기), Inferring (감정 분류 및 토픽 추출 등의 추론하기), Transforming text(번역, 철자 및 문법 교정 등의 변환하기), Expanding(이메일 자동 작성 등의 확장하기)에 탁월한 장점을 가지고 있다. 따라서 이를 유도하고 명령할 수 있는 프롬프트 구성법은 매우 중요하다. 프롬프트 구성법 즉 작성요령은 시행착오를 통해 경험적으로 얻는 방법도 있다. 그러나, 대화형 인공지능의 주 역할인 대화를 통해 인공지능과 소통할 수 있다는 점을 이용하여 컴퓨터 프로그램에서 도움말(주로 F1키)이나 메뉴얼을 찾아 읽는 것보다 대화형 인공지능 BBC에서는 직접 대답이 만족스러울 때까지 계속 물어보면 효율적인 작성요령을 얻을 수 있을 것이다.

그렇다면 가장 효율적인 프롬프트(Prompt) 작성요령에 대해 BBC는 각각 어떻게 대답할까? 이를 위해서는 질문을 표준화해서 물어볼 필요가 있으며, 인내심을 가지고 3개의 자문단 모두를 활용하고 이를 비교하였다. 또한 이러한 방법은 BBC를 이용할 때 꼭 거쳐야 할 필수 과정이라는 걸 강조하고 싶다. Bing 3가지 답변, Bard 3가지 답변, Chat-GPT 유료 사용자인 경우라면 2가지 또는 무료사용자인 경우는 1가지의 답변, 즉 7개 또는 8개의 답변을 비교하여 보는 것만으로도 일차적인 할루시네이션 검증작업이 이루어졌다고 보면 된다. 또한 자체적인 검증을 3번 정도 한다고 생각하면 할루네이션을 최대한 줄일 수 있을 것이다.

먼저 BBC 중 Bing은 ChatGPT를 기반으로 하므로, Bard와 ChatGPT의 질문과는 다르게 질문해 보았다. 답변은 크게 3가지가 제시된다. 보다 창의적인 답변, 보다 균형적인 답변, 보다 정밀한 답변으로 구성되는데, 답변의 차이를 체감하기 위해 Bing의 경우만 3가지를 비교하여 표로 옮겨보았다. 아래의 표를 먼저 읽어보자.

Bing이 제시한 효율적인 프롬프트 구성방법 ABC

질문	효율적인 프롬프트 구성방법을 ABC 알파벳 단어로 설명하고, 좋은 예와 나쁜 예를 사업계획서 작성법을 예를 들어 설명해 주시오.
보다 창의적인 답변	효율적인 프롬프트 구성방법을 ABC 알파벳 단어로 설명하면 다음과 같습니다. **A: Attention** 프롬프트는 AI의 주의를 끌어야 합니다. AI가 원하는 내용을 이해하고 생성할 수 있도록 명확하고 구체적인 프롬프트를 작성해야 합니다. 예를 들어, "사업계획서 작성법"이라는 프롬프트는 너무 광범위하고 모호합니다. AI는 사업계획서의 어떤 부분을 작성해야 하는지, 어떤 형식과 언어를 사용해야 하는지, 어떤 목적과 대상을 가지고 있는지 등을 알 수 없습니다. 따라서, 프롬프트에 이러한 정보를 추가해주어야 합니다. 예를 들어, "한국어로 쓰여진 스타트업을 위한 사업계획서 작성법. 서론부터 결론까지 각 단계별로 필요한 내용과 구조를 설명하고, 투자자들에게 사업 아이디어와 잠재력을 강조하는 방법을 알려준다."라는 프롬프트는 AI가 더 잘 이해하고 적절한 내용을 생성할 수 있습니다. **B: Balance** 프롬프트는 너무 길거나 짧지 않아야 합니다. 너무 긴 프롬프트는 AI에게 부담을 주고, 너무 짧은 프롬프트는 AI에게 정보가 부족할 수 있습니다. 적절한 길이의 프롬프트는 AI의 창의성과 효율성을 동시에 발휘할 수 있습니다. 예를 들어, "사업계획서 작성법"이라는 프롬프트는 너무 짧고, "스타트업을 위한 사업계획서 작성법. 서론에서는 사업 아이디어와 시장분석, 경쟁 우위, 비전과 목표 등을 소개한다. 본문에서는 제품이나 서비스의 특징과 기능, 고객 세분화와 마케팅 전략, 수익 모델과 재무 계획 등을 상세하게 설명한다. 결론에서는 사업의 가치와 잠재력, 투자 요청액과 용도, 향후 로드맵 등을 요약하고 강조한다."라는 프롬프트는 너무 길다고 할 수 있습니다. 적절한 길이의 프롬프트는 앞서 언급한 "한국어로 쓰여진 스타트업을 위한 사업계획서 작성법. 서론부터 결론까지 각 단계별로 필요한 내용과 구조를 설명하고, 투자자들에게 사업 아이디어와 잠재력을 강조하는 방법을 알려준다."라고 할 수 있습니다. **C: Consistency** 프롬프트는 일관성 있게 작성되어야 합니다. 프롬프트에 사용된 언어와 형식, 톤과 스타일 등은 전체적으로 일치해야 합니다. 또한, 프롬프트에 포함된 정보와 요구사항은 서로 모순되거나 충돌하지 않아야 합니다. 예를 들어, "한국어로 쓰여진 스타트업을 위한 사업계획서 작성법. 서론부터 결론까지 각 단계별로 필요한 내용과 구조를 설명하고, 투자자들에게 사업 아이디어와 잠재력을 강조하는 방법을 알려준다. 영어로 쓰여진 사례를 참고하여 번역하고, 미국 시장에 맞게 수정한다."라는 프롬프트는 일관성이 없습니다. 프롬프트의 언어가 한국어와 영어로 혼용되어 있고, 투자자들의 국적과 시장이 명확하지 않습니다. 일관성 있는 프롬프트는 앞서 언급한 "한국어로 쓰여진 스타트업을 위한 사업계획서 작성법. 서론부터 결론까지 각 단계별로 필요한 내용과 구조를 설명하고, 투자자들에게 사업 아이디어와 잠재력을 강조하는 방법을 알려준다."라고 할 수 있습니다. 이상으로, 효율적인 프롬프트 구성방법을 ABC 알파벳 단어로 설명하였습니다. 좋은 예와 나쁜 예를 사업계획서 작성법을 예로 들어 설명해보았습니다. 다른 주제나 형식에도 이러한 원칙들을 적용할 수 있습니다. AI가 원하는 결과물을 생성할 수 있도록 도와주는 프롬프트를 작성하는 능력은 AI 활용의 핵심적인 요소입니다. 프롬프트 구성에 관심이 있으시다면, 1, 2, 3 등의 자료를 참고하시기 바랍니다. 감사합니다. https://futures-studies.tistory.com/entry/%EC%9D%B8%EA%B3%B5%EC%A7%80%EB%8A%A5-%EC%9D%B4%EA%B2%83%EB%A7%8C-%EC%95%8C%EC%9E%90-4-%EC%9D%B4%EB%AF%B8%EC%A7%80-%EC%83%9D%EC%84%B1AI-%ED%94%84%EB%A1%AC%ED%94%84%ED%8A%B8-%EA%B5%AC%EC%84%B1-%EB%B0%A9%EB%B2%95-%EA%B8%B0%EB%B3%B8%ED%8E%B8 https://m.blog.naver.com/staffs00/223104340090 https://m.blog.naver.com/ngpark60/223047361224

보다 균형있는 답변	효율적인 프롬프트 구성방법을 ABC 알파벳 단어로 설명하고, 좋은 예와 나쁜 예를 사업계획서 작성법을 예를 들어 설명해 주시오. 효율적인 프롬프트 구성방법을 ABC 알파벳 단어로 설명하면 다음과 같습니다1: **Accuracy (정확성)** 사용자의 의도를 정확하게 파악하여 그에 맞는 응답을 제공합니다. **Brevity (간결성)** 필요한 정보만 제공하여 사용자의 시간과 노력을 절약합니다. **Clarity (명확성)** 명확하고 이해하기 쉬운 언어를 사용하여 혼란을 방지합니다. 좋은 예와 나쁜 예를 사업계획서 작성법을 예로 들어 설명해드리겠습니다12: **좋은 예** 명확하고 간결한 언어를 사용하여 사업의 핵심 내용과 목적을 간단하게 설명합니다. 또한, 구체적인 계획과 전략을 제시하여 투자자나 파트너들이 이해하기 쉽게 합니다. **나쁜 예** 지나치게 상세한 정보나 기술적인 용어를 사용하여 이해하기 어렵게 만듭니다. 또한, 사업의 핵심 내용이나 목적이 불분명하거나 구체적인 계획과 전략이 부족합니다. **참고문헌** 1: How to Write Effective Prompts for Chatbots 2: 사업계획서 작성방법 & 실제 예시 (+ PPT 샘플)
보다 정밀한 답변	효율적인 프롬프트 구성방법을 ABC 알파벳 단어로 설명하면 다음과 같습니다: **Accurate** 프롬프트는 정확해야 합니다. 프롬프트가 명확하고 이해하기 쉽다면 인공지능은 사용자의 요구사항을 더 잘 이해하고 정확한 결과를 생성할 수 있습니다. **Brief** 프롬프트는 간결해야 합니다. 단순한 질문 프롬프트보다는 사용자가 원하는 결과에 대해 명료하고 객관적이며 구체적인 정보를 담아 작성하는 것이 좋습니다. **Clear** 프롬프트는 명확하게 작성되어야 합니다. 주관적인 의견이나 감정은 피해야 하며, 문법과 맞춤법이 정확해야 합니다. 사업계획서 작성법의 좋은 예와 나쁜 예는 다음과 같습니다: **좋은 예** 사업계획서는 상황과 목적에 따라 다르게 작성되어야 합니다. 비즈니스 모델과 사업 전략을 정립하고, 사업계획서 본질은 마케팅 자료로서 누군가를 설득하기 위하여 쓰입니다. 따라서 최대한 짧게 만들고, 핵심으로 바로 들어가야 합니다1. **나쁜 예** 사업계획서를 너무 길게 작성하거나, 서론이 너무 길면 읽는 사람을 지루하게 만듭니다. 또한, 내용보다 그래픽을 중시하거나, 양식에 의존하여 수동적으로 내용을 채우는 것은 본질을 망각한 것입니다1. 더 궁금한 점이 있으신가요?

필자는 '보다 창의적인 답변'이 분량 면에서나 내용의 전개 방식에서 취향에 맞았다. 답변의 비교를 위해 분량을 지정하지 않았는데, '보다 창의적인 답변'이 가장 분량이 많았다. 제시한 알파벳의 경우 보다 창의적인 답변은 "Attention(주의), Balance(균

형), Consistency(일관성).”를 제시하였으며, 보다 균형적인 답변은 “Accuracy (정확성), Brevity (간결성), Clarity (명확성)” 등 명사를 ABC로 설명하였다. 반면에, ‘보다 정밀한 답변’은 “Accurate, Brief, Clear”로 형용사를 제시하였다.

한편, 답변의 적절성과 참고문헌의 정확성을 비교 분석하였을 때, 창의적인 답변에 대한 경우에는 제시된 URL들을 검증한 결과, 내용이 일치하며 상당히 유용한 정보를 포함하고 있었다. 그러나 ‘보다 균형 잡힌 답변’과 ‘보다 정밀한 답변’에 대한 예시는 부정확하였으며, 특히 균형 잡힌 답변에서는 잘못된 URL 주소가 나타나기도 하였다. 물론, 이러한 결과가 ‘보다 창의적인 답변’이 항상 정확하다는 것을 의미하지는 않으므로, 이 점을 주의하여야 할 필요가 있다.

이제 Bing이 설명하는 효율적인 프롬프트 구성법에 관한 3가지 답변 중 필자가 만족스러워했던 답변인 ‘보다 창의적인 답변’을 살펴보자. 이미 3가지 답변을 표를 통해 읽었다는 가정하에 어투를 구어체가 아닌 문어체로 수정하였다.

필자가 프롬프트 작성 시 ABC 약자로 제시하라는 조건을 주었기에 Bing은 ABC 3가지로 제시하였다. Attention(주의를 끌어야), Balance(분량이 적정해야), Consistency(일관성 있게 작성되어야)이다.

Attention Bing은 “프롬프트는 AI의 주의를 끌어야 한다.”라고 설명한다. AI가 원하는 내용을 이해하고 생성할 수 있도록 명확하고 구체적인 프롬프트를 작성해야 하는데, 예를 들어, “사업계획서 작성법”이라는 프롬프트는 너무 광범위하고 모호하다. AI는 사업계획서의 어떤 부분을 작성해야 하는지, 어떤 형식과 언어를 사용해야 하는지, 어떤 목적과 대상을 가지고 있는지 등을 알 수 없다. 따라서, 프롬프트에 이러한 정보를 추가해주어야 한다. 예를 들어, “한국어로 쓰여진 스타트업을 위한 사업계획서 작성법. 서론부터 결론까지 각 단계별로 필요한 내용과 구조를 설명하고, 투자자들에게 사업 아이디어와 잠재력을 강조하는 방법을 알려준다."라는 프롬프트는 AI가 더 잘 이해하고 적절한 내용을 생성할 수 있다고 제안한다.

Balance Bing은 "프롬프트는 너무 길거나 짧지 않아야 한다"라고 설명한다. 너무 긴 프롬프트는 AI에게 부담을 주고, 너무 짧은 프롬프트는 AI에게 정보가 부족할 수 있다. 적절한 길이의 프롬프트는 AI의 창의성과 효율성을 동시에 발휘할 수 있다. 예를 들어, "사업계획서 작성법"이라는 프롬프트는 너무 짧고, "스타트업을 위한 사업계획서 작성법. 서론에서는 사업 아이디어와 시장분석, 경쟁 우위, 비전과 목표 등을 소개한다. 본문에서는 제품이나 서비스의 특징과 기능, 고객 세분화와 마케팅 전략, 수익 모델과 재무 계획 등을 상세하게 설명한다. 결론에서는 사업의 가치와 잠재력, 투자 요청액과 용도, 향후 로드맵 등을 요약하고 강조한다."라는 프롬프트는 너무 길다고 할 수 있다. 적절한 길이의 프롬프트는 앞서 언급한 "한국어로 쓰여진 스타트업을 위한 사업계획서 작성법. 서론부터 결론까지 각 단계별로 필요한 내용과 구조를 설명하고, 투자자들에게 사업 아이디어와 잠재력을 강조하는 방법을 알려준다."라고 할 수 있다.

Consistency Bing은 "프롬프트는 일관성 있게 작성되어야 한다"라고 제시한다. 프롬프트에 사용된 언어와 형식, 톤과 스타일 등은 전체적으로 일치해야 한다. 또한, 프롬프트에 포함된 정보와 요구사항은 서로 모순되거나 충돌하지 않아야 한다. 예를 들어, "한국어로 쓰여진 스타트업을 위한 사업계획서 작성법. 서론부터 결론까지 각 단계별로 필요한 내용과 구조를 설명하고, 투자자들에게 사업 아이디어와 잠재력을 강조하는 방법을 알려준다. 영어로 쓰여진 사례를 참고하여 번역하고, 미국 시장에 맞게 수정한다." 라는 프롬프트는 일관성이 없다. 프롬프트의 언어가 한국어와 영어로 혼용되어 있고, 투자자들의 국적과 시장이 명확하지 않다. 일관성 있는 프롬프트는 앞서 언급한 "한국어로 쓰여진 스타트업을 위한 사업계획서 작성법. 서론부터 결론까지 각 단계별로 필요한 내용과 구조를 설명하고, 투자자들에게 사업 아이디어와 잠재력을 강조하는 방법을 알려준다."라고 할 수 있다.

같은 질문을 Bard와 ChatGPT에게도 질문하면 어떻게 대답할까? ABC 뿐만 아니라, ABCDE 등으로도 요령을 빨리 그리고, 그럴듯하게 정리해서 역시 대규모 언어모델의 강점을 느낄 수 있었다. Bard가 작성한 프롬프트 요령 ABCDE는 Accurate(정확해야), Brief(간결해야), Comprehensive(포괄적이어야), Detailed(세부적이어야), Expressive(표현력이 있어야) 등으로 빠르게 제시하였다.

ChatGPT4는 프롬프트 요령 ABCDE를 Accuracy(정확성), Brevity (간결성), Context(문맥: 자연어 처리를 비전문가에게 설명해줘), Direction(방향성: 일본의 전통문화와 현대문화의 차이점에 대해 설명해줘), Expectations (기대값: 예/아니오 형식의 질문, 개방형 질문)등으로 설명해준다.

이번에는 질문을 "Bard와 ChatGPT의 프롬프트 동작 원리의 차이점에 대해 설명하고, Bard만의 특별한 프롬프트 작성요령을 설명해줘"라고 프롬프트를 작성하여 Bard에 물었다. 역시 답안이 3가지로 제시되나 이 중 상대적으로 만족스러웠던 답변을 보면 아래와 같다.

Bard는 Bard와 ChatGPT의 공통점을 대규모 언어모델(LLM)이라는 점이 공통점이나, 프롬프트를 이해하고 응답하는 방식이 다르다고 제시한다. 예를 들어, ChatGPT에 "파리에서 가장 인기 있는 관광지 중 하나는 무엇입니까?"라고 묻는다면 "에펠탑"이라는 응답을 생성할 수 있는 데 반해, Bard에 "파리에서 가장 인기 있는 관광지 중 하나는 무엇입니까?"라고 같은 질문을 한다면 에펠탑, 루브르 박물관, 노트르담 대성당, 베르사유 궁전,

오르세 미술관, 퐁피두 센터, 센강, 몽마르트르, 라데팡스, 샹젤리제 거리 등입니다."라는 응답을 생성할 수 있다고 한다. 필자는 이 답변이 명확히 이해되지는 않았다. 그래서, 꼬꼬무(꼬리에 꼬리는 무는 프롬프트 대화법) 요령을 활용하며 Bard와의 대화를 이었다. 명확하지 않을 때 유용한 팁은 이해수준을 명확히 규정하는 것도 방법이다.

　이제 질문에 '고등학생이 이해할 수 있게'를 추가해보자. 이렇게 질문을 해보니 Bard는 챗봇에 대한 설명을 먼저 제시한 후 차이점을 설명했다. 반면에 ChatGPT는 사용자가 제공한 프롬프트를 기반으로 정보를 검색하고, 검색 결과를 바탕으로 응답을 생성하며, ChatGPT는 프롬프트가 명확할수록 더 나은 응답을 생성할 수 있다고 한다. 즉 이전에 사용자와 나눈 대화와 사용자가 이전 프롬프트에서 제시한 정보를 수집, 다음 응답의 재료로 채팅을 하면서 사용했던 콘텍스트를 실시간으로 참조하여, 대답에 활용하는 것이다.

　반면 Bard는 사용자가 제공한 프롬프트를 기반으로 자체 지식을 활용하여 응답을 생성한다고 한다. 따라서 Bard는 프롬프트가 명확하지 않거나, 새로운 정보를 요구하는 경우에도 적절한 응답을 생성할 수 있다. 또한 응답 초안을 여러 개 제공하고 사용자가 가장 적합한 응답을 선택할 수 있다. 이는 사용자가 자신의 요구에 맞는 응답을 더욱 쉽게 찾을 수 있도록 해 준다고 부연해 설명한다. 아래에 제시한 두 답변의 차이를 보여주는 비교표처럼 이해수준을 정확히 규정하여 프롬프트로 질문하면 이처럼 더욱 이해하기 쉬운 답변을 제안함을 알 수 있다.

이해수준 제시 유무에 따른 Bard의 프롬프트 동작 원리와 작성요령 답변

질문	Bard와 ChatGPT의 프롬프트 동작 원리의 차이점에 대해 설명하고, Bard만의 특별한 프롬프트 작성요령을 설명해줘
답변	Bard와 ChatGPT는 모두 대규모 언어모델 챗봇이지만, 프롬프트 동작 원리에 몇 가지 차이점이 있습니다. ChatGPT는 사용자가 제공한 프롬프트를 기반으로 정보를 검색하고, 검색 결과를 바탕으로 응답을 생성합니다. 따라서 ChatGPT는 프롬프트가 명확하고 정확할수록 더 나은 응답을 생성할 수 있습니다. 또한 ChatGPT는 이전에 사용자와 나눈 대화와, 사용자가 이전 프롬프트에서 제시한 정보를 수집, 다음 응답의 재료로 활용합니다. 즉, 사용자가 채팅을 하면서 사용했던 컨텍스트를 실시간으로 참조, 대답에 활용할 수 있는 것입니다. 반면 Bard는 사용자가 제공한 프롬프트를 기반으로 자체 지식을 활용하여 응답을 생성합니다. 따라서 Bard는 프롬프트가 명확하지 않거나, 새로운 정보를 요구하는 경우에도 적절한 응답을 생성할 수 있습니다. 또한 Bard는 응답 초안을 여러 개 제공하고 사용자가 가장 적합한 응답을 선택할 수 있습니다. 이는 사용자가 자신의 요구에 맞는 응답을 보다 쉽게 찾을 수 있도록 해 줍니다. Bard만의 특별한 프롬프트 작성요령은 다음과 같습니다. 명확하고 구체적인 프롬프트를 작성하세요. Bard는 사용자가 제공한 프롬프트를 기반으로 자체 지식을 활용하여 응답을 생성하기 때문에, 프롬프트가 명확하고 구체적일수록 Bard가 사용자의 요구를 더 잘 이해하고 적절한 응답을 생성할 수 있습니다. 개방형 질문을 하세요. Bard는 단순한 답변을 넘어 창의적인 콘텐츠를 생성할 수도 있습니다. 따라서 개방형 질문을 통해 Bard의 창의성을 발휘할 수 있도록 하세요. 복잡한 프롬프트를 하세요. Bard는 복잡한 프롬프트도 이해하고 응답할 수 있습니다. 따라서 복잡한 프롬프트를 통해 Bard의 능력을 시험해 보세요. 다음은 Bard만의 특별한 프롬프트 작성요령을 적용한 예시입니다. **명확하고 구체적인 프롬프트** "한국의 수도는 무엇입니까?" **개방형 질문** "당신의 꿈은 무엇입니까?" **복잡한 프롬프트** "인공지능의 미래는 어떻게 될까요?" 이러한 프롬프트를 통해 Bard의 능력을 보다 잘 활용할 수 있을 것입니다.
질문	고등학생이 이해할 수 있게 Bard와 Bard와 ChatGPT의 프롬프트 동작 원리의 차이점에 대해 설명하고, Bard만의 특별한 프롬프트 작성요령을 설명해줘
답변	챗봇은 사람이 대화를 하는 것처럼 컴퓨터와 대화할 수 있는 시스템을 말합니다. 챗봇은 대규모 언어 모델(LLM)을 기반으로 작동합니다. LLM은 책, 기사, 코드 등 방대한 양의 텍스트 데이터를 학습하여 텍스트를 생성하고, 언어를 번역하고, 다양한 종류의 창의적인 콘텐츠를 작성하고, 질문에 답변하는 등의 작업을 수행할 수 있습니다.

| 답변 | Bard와 ChatGPT는 모두 LLM을 기반으로 하는 챗봇입니다. 하지만 두 챗봇은 프롬프트 동작 원리에 차이가 있습니다.

ChatGPT는 사용자가 제공한 프롬프트를 기반으로 정보를 검색하고, 검색 결과를 바탕으로 응답을 생성합니다. 따라서 ChatGPT는 프롬프트가 명확하고 정확할수록 더 나은 응답을 생성할 수 있습니다. 또한 ChatGPT는 이전에 사용자와 나눈 대화와, 사용자가 이전 프롬프트에서 제시한 정보를 수집, 다음 응답의 재료로 활용합니다. 즉, 사용자가 채팅을 하면서 사용했던 컨텍스트를 실시간으로 참조, 대답에 활용할 수 있는 것입니다.

반면 Bard는 사용자가 제공한 프롬프트를 기반으로 자체 지식을 활용하여 응답을 생성합니다. 따라서 Bard는 프롬프트가 명확하지 않거나, 새로운 정보를 요구하는 경우에도 적절한 응답을 생성할 수 있습니다. 또한 Bard는 응답 초안을 여러 개 제공하고 사용자가 가장 적합한 응답을 선택할 수 있습니다. 이는 사용자가 자신의 요구에 맞는 응답을 보다 쉽게 찾을 수 있도록 해 줍니다.

Bard만의 특별한 프롬프트 작성요령은 다음과 같습니다.

– 명확하고 구체적인 프롬프트를 작성하세요. Bard는 사용자가 제공한 프롬프트를 기반으로 자체 지식을 활용하여 응답을 생성하기 때문에, 프롬프트가 명확하고 구체적일수록 Bard가 사용자의 요구를 더 잘 이해하고 적절한 응답을 생성할 수 있습니다.
– 개방형 질문을 하세요. Bard는 단순한 답변을 넘어 창의적인 콘텐츠를 생성할 수도 있습니다. 따라서 개방형 질문을 통해 Bard의 창의성을 발휘할 수 있도록 하세요.
– 복잡한 프롬프트를 하세요. Bard는 복잡한 프롬프트도 이해하고 응답할 수 있습니다. 따라서 복잡한 프롬프트를 통해 Bard의 능력을 시험해 보세요.

고등학생이 이해할 수 있도록 예시를 들어보겠습니다.

명확하고 구체적인 프롬프트 "한국의 수도는 무엇입니까?"
개방형 질문 "당신의 꿈은 무엇입니까?"
복잡한 프롬프트 "인공지능의 미래는 어떻게 될까요?"
이러한 프롬프트를 통해 Bard의 능력을 보다 잘 활용할 수 있을 것입니다.

추가로, Bard는 아직 개발 중인 챗봇입니다. 따라서 Bard의 능력은 앞으로도 계속해서 발전할 것으로 기대됩니다. |

ChatGPT에게도 동일한 질문인 "Bard와 ChatGPT의 프롬프트 동작 원리의 차이점에 관해 설명하고, ChatGPT만의 특별한 프롬프트 작성요령을 '프롬프트를 활용한 사업계획서 작성'으로 설명해줘"로 물어보았다. ChatGPT의 경우는 2021년 9월까지만 학습되었기에 2023년에 출시된 Bard를 모른다고 답변하거나, Bard가 '시인'라는 뜻이기에, 단어 뜻에 기반하여 답변을 제시하거나 본인 회사에서 만든 하위 버전이라는 잘못된 답변을 제시하거나, 추정한 답변으로 설명하기도 한다. 다만, 아키텍처(Architecture, 구조), 학습 데이터, 프롬프트 처리, 플렉서빌러티(Flexibility, 범용성)등의 비교는 참조할 만하다. 한편 무료 버전인 3.5버전에서는 7단계로 구분하여 1. 명확한 지시어 사용, 2. 분야별 세부 정보 추가, 3. 적절한 길이 조절, 4. 반복 및 수정, 5. 다양한 시나리오 시도, 6. 필요 시 질문 사용, 7. 마무리 검토 등으로 제시하였다. 반면에 유료 버전인 ChatGPT 4.0의 경우는 1. 세부적인 지시, 2. 문맥 제공, 3. 스타일 지정, 4. 단계적 접근, 5. 리뷰와 수정으로 꽤 유용한 답변을 제시해 준다. 자세한 내용은 아래의 표를 참조하자.

ChatGPT의 프롬프트 동작 원리와 작성요령 답변

질문	Bard와 ChatGPT의 프롬프트 동작 원리의 차이점에 대해 설명하고, ChatGPT만의 특별한 프롬프트 작성요령을 "프롬프트를 활용한 사업계획서 작성"으로 설명해줘
ChatGPT 3.5	"Bard"는 OpenAI에서 개발한 자연어 생성 모델로, GPT-3의 이전 버전입니다. "ChatGPT"는 GPT-3.5 기반의 대화형 모델로, 실제로는 두 모델 모두 대화를 생성하는데 사용될 수 있습니다. 두 모델의 주요 차이점은 주로 학습 데이터의 양과 다양성, 모델의 크기 및 성능 등에 있습니다. **Bard와 ChatGPT의 주요 차이점:** **학습 데이터** ChatGPT는 GPT-3.5 기반이므로 GPT-3에 비해 더 많고 다양한 데이터로 학습되었습니다. 이는 보다 풍부한 언어 이해와 생성 능력을 제공할 수 있음을 의미합니다. **모델 크기** ChatGPT는 GPT-3의 기반 아키텍처를 사용하며, 모델 크기 또한 다양합니다. GPT-3.5는 125M, 355M, 760M, 1.3B, 2.7B의 다양한 파라미터 크기를 가진 모델이 있어서 더 많은 매개변수로 더 복잡한 언어 특성을 학습할 수 있습니다. **성능** ChatGPT는 이전 버전인 Bard에 비해 더 정교한 문맥 이해와 더 자연스러운 답변 생성 능력을 가지고 있습니다. 이는 더 많은 데이터와 파라미터 크기, 모델 아키텍처 개선 등의 결과입니다. ChatGPT만의 특별한 프롬프트 작성요령 – "프롬프트를 활용한 사업계획서 작성": 사업계획서는 구체적이고 효과적인 통신을 필요로 하므로, ChatGPT를 활용하여 사업계획서를 작성하려면 다음 단계를 고려할 수 있습니다. **1. 명확한 지시어 사용** 모델에게 명확하고 구체적인 지시어를 제공하여 원하는 결과를 얻을 수 있습니다. 예를 들어, "다음과 같은 요소를 포함하여 새로운 사업계획서를 작성해주세요: 사업 개요, 시장분석, 경쟁 전략, 재무 계획"과 같이 구체적인 지시어를 사용하세요.

ChatGPT 3.5	**분야별 세부정보 추가** 사업계획서의 각 섹션에 필요한 정보를 미리 정리해놓고, 모델에게 해당 정보를 활용하도록 안내합니다. 예를 들어, "시장분석" 섹션에 대한 정보를 모델이 알아야 할 법률, 경제, 경쟁사 정보 등을 명확하게 제시하세요. **2. 적절한 길이 조절** 모델의 생성 텍스트가 필요한 정보를 포함하면서도 너무 길지 않도록 주의하세요. 필요한 정보를 간결하게 요약하거나 설명하는 방법을 고려해보세요. **3. 반복 및 수정** 모델이 생성한 텍스트를 검토하고, 필요한 부분을 추가하거나 수정하여 원하는 수준의 완성도를 달성하세요. **4. 다양한 시나리오 시도** 여러 가지 시나리오나 조건을 모델에게 제시하여 다양한 사업계획서 버전을 생성해보세요. 이를 통해 다양한 아이디어와 관점을 얻을 수 있습니다. **5. 필요 시 질문 사용** 모델이 이해하지 못하는 부분이나 더 자세한 정보가 필요한 부분이 있다면 추가 질문을 사용하여 모델과의 대화를 이어나가세요. **마무리 검토** 생성된 사업계획서를 마지막으로 검토하고, 누락된 정보나 논리적인 결함이 있는지 확인하세요. 이러한 방법을 활용하여 ChatGPT를 사용하여 효과적이고 구체적인 사업계획서를 작성할 수 있습니다.
ChatGPT 4.0	Bard와 ChatGPT은 모두 자연어 처리 기반의 언어모델이지만, 각기 다른 방식으로 프롬프트에 반응할 수 있습니다. 이들의 차이점은 대체로 아키텍처, 학습 데이터, 그리고 인터페이스 등에서 찾을 수 있습니다. 아래에 몇 가지 차이점을 설명하겠습니다: **아키텍처** GPT (Generative Pre-trained Transformer) 아키텍처는 OpenAI에 의해 개발되었으며, Bard는 자체적인 아키텍처를 사용할 수 있습니다. **학습 데이터** 두 모델이 훈련을 받는 데이터셋이 다를 수 있습니다. ChatGPT는 다양한 인터넷 텍스트로 훈련되었고, Bard는 특정 도메인이나 목적에 맞춰 훈련될 수 있습니다. **프롬프트 처리** GPT는 주어진 프롬프트를 기반으로 텍스트를 생성합니다. Bard는 명령어나 특정 태스크를 수행하는 데 더 특화되어 있을 수 있습니다. **플렉시빌리티** ChatGPT는 다양한 프롬프트에 대응할 수 있는 범용성을 가지고 있습니다. Bard는 특정 분야나 작업에 더 특화될 수 있습니다. **ChatGPT에서 프롬프트를 활용한 사업계획서 작성** ChatGPT는 잘 정의된 프롬프트를 사용하여 다양한 작업을 수행할 수 있습니다. 사업계획서를 작성하는 것은 그중 하나입니다. 여기 몇 가지 팁이 있습니다: **세부적인 지시** 프롬프트를 세부적으로 지시하면, 모델이 필요한 정보를 더 정확하게 생성할 수 있습니다. 예를 들어, "사업계획서의 소개 부분을 작성해줘"라고 요청할 수 있습니다. **문맥 제공** 필요한 경우 프롬프트에 문맥을 추가합니다. 예를 들어, "환경친화적인 식품 포장 사업계획서의 마케팅 전략 부분을 작성해줘"라고 할 수 있습니다.

ChatGPT 4.0	**스타일 지정** 원하는 톤이나 스타일을 프롬프트에 명시적으로 표시할 수 있습니다. 예를 들어, "공식적인 어조로 사업계획서의 재무 계획 부분을 작성해줘"라고 요청할 수 있습니다.
	단계적 접근 사업계획서의 각 섹션을 단계적으로 작성하고, 그 결과를 병합하는 방법을 사용할 수 있습니다. 이렇게 하면 모델이 각 부분에 더 집중하여 더 정확한 결과를 가져올 수 있습니다.
	리뷰와 수정 모델이 생성한 텍스트는 초안일 뿐이므로, 반드시 사람이 리뷰하고 필요한 수정을 해야 합니다.

BBC 프롬프트 골든 키 Top 5

우리는 앞 절에서 프롬프트 구성요령에 대해 Bing이 제시한 답안 중 'Attention(주의를 끌어야), Balance(분량이 적정해야), Consistency(일관성 있게 작성되어야)'을 채택하였다. 또한 Bard의 경우는 '첫째, 명확하고 구체적인 프롬프트를 작성하라. 둘째, 개방형 질문을 하라. 셋째 복잡한 프롬프트를 사용하라'를 선택했는데, 이는 Bard가 언급한 ChatG-PT와의 작동원리의 차이점에 기반한 요령이다. 즉 ChatGPT는 사용자가 제공한 프롬프트를 기반으로 정보를 검색하고, 검색 결과를 바탕으로 응답을 생성하는 데 반해, Bard는 사용자가 제공한 프롬프트를 기반으로 자체 지식을 활용하여 응답을 생성하기 때문이다. 이러한 ChatGPT만의 작동원리에 의해 '첫째 세부적인 지시, 둘째 문맥 제공, 셋째 스타일 지정, 넷째 단계적 접근의 적용'이라는 프롬프트 작성요령이 적용됨을 알 수 있었다.

이제 본격적으로 우리는 사업계획서 작성을 위해 BBC에게 역할(Act as~), 관련 분야(Related), 목적(Object), 조건, 분량(아이디어 개수 및 글자 수 등)으로 구체적으로 살펴보자. 전통시장에서 장사를 하는 자영업자를 예를 들어보면, 이 경우 역할은 전통시장 자영업자이고, 관련 분야는 소규모 소매업 (농산물, 생선, 의류 등)이고, 목적은 정부지원금 활용 계획 및 시장 활성화이고 조건은 TAM-SAM-SOM Approach, 소비자 분석, 비용 분석 등 포함시킬 수 있으며, 분량은 아이디어 3개, 각 500-1000자 등으로 나타낼 수 있다.

다음 장에서 살펴볼 프롬프트의 예를 들어보자.

> "한국에는 전통시장이 있어. 이 시장의 활성화를 위해 정부의 지원을 받을 수 있어. 이제부터 35세 여성 창업 예비생으로서 창업자금 5,000만 원과 정부지원자금 5,000만 원 예산으로 베이커리와 같은 사업 아이템 3가지 및 그중 하나의 아이템에 창의적 아이디어로 사업계획서를 작성해줘.
> 사업계획서는
> 1. 문제인식
> 1-1 창업 아이템의 개발 동기
> 1-2 창업 아이템의 목적(필요성)
> 2. 실현 가능성
> 2-1 창업 아이템의 개발 사업화 전략
> 2-2 창업 아이템의 시장분석 및 경쟁력 확보방안
> 3. 성장전략
> 3-1 자금 소요 및 조달계획
> 3-2 시장진입 및 성과 창출 전략
> 4. 팀구성
> 4-1 대표자 및 팀원의 보유역량으로 구분하여 분량은 500자에서 1,000자로 작성해주고, 특히 시장분석에는 TAM-SAM-SOM Approach를 사용하고, 정확한 타겟고객층을 언급해 줘"

이런 식으로 프롬프트를 작성했을 경우 역관/목조분을 다 포함시킨 질문이라 할 수 있을 것이다. 물론 다음 장에서 살펴보겠지만, 이 질문의 경우 자금 소요 및 조달계획 등이 미흡할 경우 추가적인 질문으로 "자금 소요 및 조달계획을 초기운영자금, 재료비, 인건비, 마케팅비용으로 구분하여 자세히 작성해줘" 등 꼬리에 꼬리를 무는 질문으로 보다 정교하게 작성할 수 있을 것이다.

또한 앞 장에서 살펴본 사례인 할랄음식 관련 플랫폼 사업계획서에 관한 프롬프트에 "한국의 통계청 자료나 한국 할랄인증원의 자료를 사용하여"라는 말을 추가해보자. 즉 이를 활용한 프롬프트는 "플랫폼 스타트업 창업자로서 한국 내에 할랄 음식 관련 플랫폼을 만들려고 한다. 한국의 통계청 자료나 한국 할랄인증원의 자료를 사용하여 TAM-SAM-SOM Approach로 시장규모 및 시장을 분석해줘"이다. 이러한 조건의 추가만으로 더 정교하고 만족스러운 답변을 얻을 수 있을 것이다.

하지만 반드시 명심해야 할 것은 BBC 등의 대화형 인공지능을 활용하기 전 나만의 사업계획서를 충분히 고민하고 작성한 후에 이를 보완하는 도구로 활용하여야 한다는 점이다. 이렇게 본인의 사업계획서에 대한 충분한 고민과 작성 후에 BBC를 이용한다면, 보다 정부 지원이나 투자유치에 효과적인 사업계획서를 작성할 수 있을 것이다.

마무리하며

• •

본 장에서는 효과적인 프롬프트 작성요령을 Bing과 Bard, ChatGPT가 직접 제시한 프롬프트 작성요령 ABC에 대해 살펴보고, 자세하게 질문을 할 수 있는 체크포인트로 '역관/목조분'을 통해 프롬프트를 예시를 들어 설명하여 보았다. 하지만 꼭 강조하고 싶은 것은 사업계획서는 내가 직접 고민하고 작성해 본 후 이용한다면 더욱 효과적인 사업계획서를 작성할 수 있다는 것이다.

Chapter 9
BBC와 사업계획서

6장에서 지난 8장까지 우리는 사업계획서 작성을 효율적으로 하기 위해 대화형 인공지능을 BBC(Bing, Bard, ChatGPT)라 명명하고 이에 대한 가입방법부터 프롬프트 작성요령까지 살펴보았다. 이번 9장에서는 사업계획서, 특히 정책자금에 사용되는 표준 사업계획서 형식을 분석하여 BBC를 활용하는 방법에 대해 자세히 살펴보고자 한다.

정부 공식 사업계획서의 구조

● ●

사업계획서는 목적에 따라 그 서술방식이나 작성 방향이 달라질 수밖에 없다. 한마디로 누가 읽느냐에 따라 달리 써야 한다. 즉 투자를 받기 위해 작성하는 사업계획서라도 벤처케피탈리스트와 정부 정책자금 심사관이 강조하고 그들이 매력을 느끼는 부분은 서로 미세하게 차이가 있기 때문이다.

막연한 이야기일 수 있지만, 다행히 정부가 지원하는 정책자금들의 사업계획서는 어느 정도의 정답을 가지고 있다. 또한 그걸 작성하는 메뉴얼도 사업계획서 샘플과 같이 제공하고 있다. 메뉴얼이 있다는 것은 일정한 형식에 의해 작성해야 한다는 것이며, 들어가야 할 필수적인 구성요소가 정해져 있다는 말이다.

현재 정책자금의 공식 사업계획서들은 문제중심학습(Problem Based Learning)에 기반한 PSST 구조이다. PSST란 Problem-Solution-Scale up-Team의 약자이다. 먼저 문제중심학습(Problem Based Learning)은 실제 발생할 수 있는 문제의 맥락 속에서 접근하면서 학습자가 스스로 주도적으로 학습에 참여토록 하는 것이 중요하다. 즉 변화하는 4차 산업혁명 등의 급격한 환경변화에 창업자가 겪어야 할 문제를 미리 고민하고 이에 대한 해결방안을 스스로 모색하게 개발되었다고 한다. 다시말해, PSST 방식이란 창업 기업들이 성장할 수 있는 아이템을 개발/개선할 수 있는 방법으로 창업자 및 팀원들이 지원하는 아이템 개발/개선을 위해서 무엇이 필요한지를 인지하고(Problem), 해결방안(Solution)을 제시한 후 본 아이템이 개발된 후 성장가능성(Scale up)에 대하여 목표를 설정하며, 이를 실행할 수 있는 팀원이나 파트너들의 보유역량과 필요 역량(Team)에 대하여 계획을 세우는 방식을 말한다.

첫 번째, 문제인식(Problem)이란 창업기업이 아이템을 개발하는데 고객기반, 경쟁자기반 차별성 등의 차원에서 인지하고 있는 해결요소가 무엇인지를 파악한 단계이다. 두 번째, 해결방안(Solution)이란 파악한 해결해야 할 요소들을 어떻게 해결할 것인지에 대한 방안을 도출하고 해결을 위한 자원과 프로세스를 작성하는 단계이다. 세 번째, 성장전략(Scale up)이란 솔루션을 통해 만들게 된 사업 아이템을 통해 예상되는 매출은 얼마인지를 추정하고 이를 실현하는 데 필요한 소요자금 내역과 자금조달 방안에 대하여 작성하는 단계이다. 네 번째, 팀 구성(Team)이란 추정된 매출액을 달성하는 데 필요한 인력(팀원과 파트너 등)에 대한 실행계획을 수립하는 단계이다.

우리가 작성하려는 사업계획서는 아래와 같은 큰 틀로 되어있다. 여기에 PSST가 어떻게 녹아있는지 확인해보자.

· 정부 표준 사업계획서의 목차 ·

사업 개요 (첫 장)

1. 문제인식(Problem)

– 개발동기

– 창업아이템 목적

2. 실현가능성(Solution)

– 개발전략, 사업화전략

– 경쟁사 비교

3. 성장전략(Scale Up)

– 자금조달전략

– 시장진입전략

4. 팀구성(Team)

이미 5장에서 다뤘던 내용을 다시 언급한 이유는 이 틀의 세부적 사항을 바로 프롬프트에 적용할 수 있기 때문이다. 본 장의 마무리에서 다시 언급할 내용이지만, 6, 7, 8장을 거치며 이 글을 읽는 독자들은 대화형 인공지능에 대해 시장조사를 할 때나 경쟁 분석을 할 때, 사업계획서 작성시 필요한 설명을 보충할 때에 매우 유용함을 눈치챘을 것이다. 물론 가장 중요한 것은 할루시네이션(Hallucination)이 전혀 예상도 못 할 때 훅 들어오기에 QC(질문하고 확인)하는 작업을 명심해야 한다. 물론 근거를 못 찾을 때는 과감히 버리는 것도 망신을 당하지 않을 좋은 자세다.

BBC를 통해 작성해 본 사업계획서 :
베이커리 사업계획서

• •

BBC를 활용해서 사업계획서를 만들어본다면, 어느 정도 가능할까? 실제 사례를 통해 먼저 살펴보자. 질문에는 PSST를 다 넣었으며, 추가 질문에는 시장조사와 경쟁 분석을 좀 더 세분화하여 질문할 것이다. 자세한 질문은 정부에서 제공하는 작성 가이드에서 필수적으로 들어가야 할 내용을 중심으로 프롬프트를 작성해보았다. 사례는 아래와 같은 프롬프트이다.

"한국에는 전통시장이 있어. 이 시장의 활성화를 위해 정부의 지원을 받을 수 있어. 이제부터 35세 여성 창업 예비생으로서 베이커리와 같은 사업 아이템 3가지 및 그중 하나의 아이템에 창의적 아이디어로 사업계획서를 작성해줘.

사업계획서는

1. 문제인식

1-1 창업아이템의 개발동기

1-2 창업아이템의 목적(필요성)

2. 실현가능성

2-1 창업아이템의 개발 사업화전략

2-2 창업아이템의 시장분석 및 경쟁력 확보방안

3. 성장전략

3-1 자금소요 및 조달계획

3-2 시장진입 및 성과창출전략

4. 팀구성

4-1 대표자 및 팀원의 보유역량으로 구분하여 작성해줘"

역시 필자가 선정한 답을 보기 전에 다음의 3단계를 선행해보자. 1단계로 대강이라도 아래의 질문에 답변을 본인의 사업에 적용하여 보든지 스케치로 이 사업에 적용해보자. 너무 많은 고민은 하지 말고 1시간 정도만 투입하자. 만약 그럴 시간도 없다면 잠깐이라도 생각해보자. 2단계로 이 동일한 질문을 각각 Bing(3개 답변), Bard(3개), ChatGPT(3.5 무료답변, 4.0 유료답변)에게 물어보고, 이 중 나은 답변을 2개만 뽑아보자. 3단계로 그 답변 중 2가지만 뽑아서 두 답안을 비교하여 나만의 사업계획서를 작성해보자.

이 과정이 마무리되었다면, 이제 필자가 선정한 답을 읽어보자. 필자가 선정한 답은 Bing의 창의적인 답안이었다. 강의나 상담을 하다 보면 이런 질문을 간혹 받는다. 즉, "왜 동일한 질문을 하더라도 필자가 제시한 답변과 본인의 제시받은 답변이 틀리냐?"라는 것인데, 실제로 대화형 인공지능의 경우 주어진 입력문장에 대해 다음 단어를 예측하고, 이전에 생성된 단어와 연관성이 높은 단어를 자동으로 생성하기 때문에 약간씩 차이가 있다.

전통시장 베이커리 창업에 관한 Bing의 창의적인 답변

한국에는 전통시장이 있어. 이 시장의 활성화를 위해 정부의 지원을 받을 수 있어. 이제부터 35세 여성 창업 예비생으로서 베이커리와 같은 사업 아이템 3가지 및 그중 하나의 아이템에 창의적 아이디어로 사업계획서를 작성해줘. 사업계획서는 1. 문제인식 1-1 창업아이템의 개발동기 1-2 창업아이템의 목적(필요성) 2. 실현가능성 2-1 창업아이템의 개발 사업화전략 2-2 창업아이템의 시장분석 및 경쟁력 확보방안 3. 성장전략 3-1 자금소요 및 조달계획 3-2 시장진입 및 성과창출전략 4.팀구성 4-1 대표자 및 팀원의 보유역량으로 구분하여 작성해줘

안녕하세요, 이것은 빙입니다. 한국의 전통시장에 관심이 있으시군요. 저는 창업 예비생으로서 베이커리와 같은 사업 아이템 3가지와 그중 하나의 아이템에 대한 창의적인 사업계획서를 작성해드릴 수 있습니다.

사업 아이템 3가지는 다음과 같습니다.

첫째, 전통시장에서 구입한 신선한 과일을 사용하여 만든 과일케이크 전문점

둘째, 전통시장에서 구입한 신선한 채소와 곡물을 사용하여 만든 채식 빵과 샌드위치 전문점

셋째, 전통시장에서 구입한 신선한 육류와 해산물을 사용하여 만든 피자와 파이 전문점

그중에서 저는 첫 번째 아이템인 과일케이크 전문점에 대한 사업계획서를 작성해보겠습니다.

사업계획서는 다음과 같습니다.

문제인식(Problem)

1-1 창업아이템의 개발동기

전통시장은 신선하고 다양한 과일을 저렴하게 구입할 수 있는 곳이지만, 많은 소비자들은 전통시장을 방문하지 않거나 구매하지 않는다. 이는 전통시장의 접근성, 편의성, 위생성, 안전성 등에 대한 문제가 있기 때문이다. 저는 이러한 문제를 해결하고, 전통시장의 매력을 높이고, 소비자들에게 건강하고 맛있는 과일케이크를 제공하고자 이 아이템을 개발하게 되었다.

1-2 창업 아이템의 목적(필요성)

이 아이템의 목적은 전통시장에서 구입한 신선한 과일을 사용하여 만든 과일케이크를 판매하는 것이다. 이를 통해 전통시장의 판매량과 수익을 증대시키고, 소비자들에게 건강하고 맛있는 과일케이크를 제공하고, 전통시장의 이미지를 개선하고, 지역경제를 활성화하는 것이다.

실현가능성

2-1 창업아이템의 개발 사업화전략

이 아이템은 전통시장에서 구입한 신선한 과일을 사용하여 만든 과일케이크를 판매하는 것으로, 다음과 같은 사업화 전략을 가진다.

제품 과일케이크는 전통시장에서 구입한 신선한 과일을 사용하여 만들며, 다양한 종류와 크기로 제공한다. 과일케이크는 무항생제, 무첨가물, 무방부제로 만들어 건강에 좋으며, 맛도 풍부하고 촉촉하다. 과일케이크는 주문제작으로 제공하며, 소비자의 취향과 요구에 맞게 커스터마이징 할 수 있다.

가격 과일케이크는 전통시장에서 구입한 신선한 과일을 사용하여 만들기 때문에, 과일의 가격에 따라 가격이 변동할 수 있다. 하지만, 과일케이크의 가격은 경쟁사보다 저렴하게 책정하며, 소비자들에게 합리적인 가격으로 제공한다.

장소 과일케이크는 전통시장 내에 위치한 작은 매장에서 판매한다. 매장은 전통시장의 분위기와 어울리는 디자인으로 꾸며지며, 청결하고 안전하게 관리된다. 매장은 전통시장의 입구나 중심부에 위치하여 소비자들의 접근성과 편의성을 높인다. 매장은 온라인으로도 주문을 받으며, 배달서비스를 제공한다.

홍보 과일케이크는 전통시장에서 구입한 신선한 과일을 사용하여 만든다는 점을 강조하여 홍보한다. 소셜 미디어, 블로그, 유튜브 등을 통해 과일 케이크의 제작과정과 완성 모습을 공유하며, 소비자들의 관심과 호감을 유도한다. 또한, 전통시장과 협력하여 공동이벤트나 할인 쿠폰 등을 제공하며, 전통시장의 방문객을 늘린다.

2-2 창업 아이템의 시장분석 및 경쟁력 확보방안

이 아이템의 시장분석은 다음과 같다.

시장규모 한국의 베이커리 시장은 2019년 기준으로 약 11조 원의 규모로 추정되며, 연평균 5% 이상의 성장률을 보이고 있다. 특히, 건강과 웰빙에 대한 관심이 높아지면서, 건강한 재료와 다양한 맛을 제공하는 베이커리가 인기를 얻고 있다.

시장특성 한국의 베이커리 시장은 대형 프랜차이즈가 주도하는 구조로, 저렴한 가격과 편리한 접근성으로 소비자들의 선호도가 높다. 하지만, 대형 프랜차이즈의 제품은 품질과 차별성이 떨어지며, 건강에 해로운 첨가물이 많이 사용되는 경우가 있다. 반면, 중소형 베이커리는 독창적이고 창의적인 제품을 개발하며, 건강한 재료와 맛있는 맛을 제공하는 경우가 많다. 하지만, 중소형 베이커리는 가격경쟁력과 인지도가 낮으며, 입지와 홍보에 어려움이 있다.

시장세분 한국의 베이커리 시장은 다양한 세분으로 나누어져 있다. 예를 들면, 케이크, 빵, 쿠키, 마카롱 등의 종류별로 나뉘거나, 건강식, 다이어트식, 베이커리식 등의 컨셉별로 나뉘거나, 웨딩케이크, 생일케이크, 기념일 케이크 등의 목적 별로 나누기도 한다. 이 중에서 저의 아이템은 과일케이크라는 종류와 건강식이라는 컨셉을 가지고 있으며, 다양한 목적에 맞게 제공할 수 있다.

이 아이템의 경쟁력 확보방안은 다음과 같다.

제품경쟁력 이 아이템은 전통시장에서 구입한 신선한 과일을 사용하여 만든 과일케이크로, 건강하고 맛있는 제품을 제공한다. 과일케이크는 무항생제, 무첨가물, 무방부제로 만들어 건강에 좋으며, 맛도 풍부하고 촉촉하다. 과일케이크는 주문 제작으로 제공하며, 소비자의 취향과 요구에 맞게 커스터마이징 할 수 있다. 이러한 제품경쟁력은 대형 프랜차이즈나 중소형 베이커리와 차별화할 수 있는 강점이다.

가격경쟁력 이 아이템은 전통시장에서 구입한 신선한 과일을 사용하여 만든 과일케이크로, 저렴하고 합리적인 가격을 제공한다. 과일케이크는 전통시장에서 구입한 신선한 과일을 사용하여 만들기 때문에, 과일의 가격에 따라 가격이 변동할 수 있다. 하지만, 과일케이크의 가격은 경쟁사보다 저렴하게 책정하며, 소비자들에게 합리적인 가격으로 제공한다. 이러한 가격경쟁력은 대형 프랜차이즈나 중소형 베이커리와 경쟁할 수 있는 강점이다.

장소경쟁력 이 아이템은 전통시장 내에 위치한 작은 매장에서 판매한다. 매장은 전통시장의 분위기와 어울리는 디자인으로 꾸며지며, 청결하고 안전하게 관리된다. 매장은 전통시장의 입구나 중심부에 위치하여 소비자들의 접근성과 편의성을 높인다. 매장은 온라인으로도 주문을 받으며, 배달서비스를 제공한다. 이러한 장소경쟁력은 대형 프랜차이즈나 중소형 베이커리와 차별화할 수 있는 강점이다.

홍보경쟁력 이 아이템은 전통시장에서 구입한 신선한 과일을 사용하여 만든다는 점을 강조하여 홍보한다. 소셜 미디어, 블로그, 유튜브 등을 통해 과일케이크의 제작과정과 완성 모습을 공유하며, 소비자들의 관심과 호감을 유도한다. 또한, 전통시장과 협력하여 공동이벤트나 할인 쿠폰 등을 제공하며, 전통시장의 방문객을 늘린다. 이러한 홍보경쟁력은 대형 프랜차이즈나 중소형 베이커리와 차별화할 수 있는 강점이다.

성장전략(Scale up)

3-1 자금소요 및 조달계획

이 아이템의 자금소요는 다음과 같다.

초기투자비용 매장 임대료, 인테리어 비용, 장비 구입비용, 재료 구입비용, 인건비 등으로 약 2억 원이 소요된다.

운영비용 매장 관리비, 재료 구입비, 인건비, 홍보비, 배달비 등으로 약 1억 원/년이 소요된다.

이 아이템의 자금조달계획은 다음과 같다.

자기자본 저축과 대출을 통해 약 1억 원의 자기자본을 확보하였다.

외부자본 정부의 여성 창업지원 사업에 참여하여 약 1억 원의 지원금을 받을 수 있으며, 또한 전통시장의 협회나 상인들과 협력하여 약 5000만 원의 후원금을 받을 수 있다고 예상한다.

3-2 시장진입 및 성과창출전략

이 아이템의 시장진입전략은 다음과 같다.

시장조사 저는 전통시장 내에 위치한 매장에서 판매할 것이므로, 전통시장 방문객들의 특성과 선호도를 파악하기 위해 시장조사를 실시 할 것이다. 또한, 경쟁사들의 제품과 가격, 서비스 등을 분석하여 저의 아이템의 차별점을 도출할 것이다.

시범판매 저는 전통시장 내에 위치한 매장에서 판매하기 전에, 전통시장 근처에 있는 카페나 베이커리 등에서 시범 판매를 실시 할 것이다. 이를 통해 소비자들의 반응과 피드백을 수집하고, 제품과 서비스를 개선할 것이다.

정식판매 저는 시범판매를 통해 개선된 제품과 서비스를 바탕으로, 전통시장 내에 위치한 매장에서 정식판매를 시작할 것이다. 이때, 소셜 미디어, 블로그, 유튜브 등을 통해 홍보하고, 전통시장과 협력하여 공동이벤트나 할인 쿠폰 등을 제공하여 소비자들의 방문을 유도할 것이다.

이 아이템의 성과 창출 전략은 다음과 같다.

매출목표 저는 첫해에는 월평균 1000개의 과일케이크를 판매하고, 연 매출 1억 원을 달성하는 것을 목표로 한다. 두 번째 해부터는 월평균 2000개의 과일케이크를 판매하고, 연 매출 2억 원을 달성하는 것을 목표로 한다. – 이익목표: 저는 첫해에는 월평균 500만 원의 이익을 달성하고, 두 번째 해부터는 월평균 1000만 원의 이익을 달성하는 것을 목표로 한다. – 사회적 목표: 저는 전통시장에서 구입한 신선한 과일을 사용하여 만든 과일케이크를 판매함으로써, 전통시장의 판매량과 수익을 증대시키고, 소비자들에게 건강하고 맛있는 과일케이크를 제공하고, 전통시장의 이미지를 개선하고, 지역경제를 활성화하는 것을 목표로 한다.

팀구성(Team)

4-1 대표자 및 팀원의 보유역량

저는 이 아이템의 대표자로서, 다음과 같은 역량을 보유하고 있습니다.

베이커리 경영경력 저는 베이커리에서 5년간 근무하면서, 제품제작, 매장관리, 고객서비스 등의 업무를 수행하였습니다. 또한, 베이커리에서 창업교육과 멘토링을 받았습니다.

과일케이크 제작기술 저는 과일케이크 제작에 필요한 기술과 노하우를 보유하고 있습니다. 저는 전통시장에서 구입한 신선한 과일을 사용하여 만드는 과일케이크의 레시피와 제작방법을 개발하였습니다.

전통시장 네트워크 저는 전통시장에서 구입한 신선한 과일을 사용하여 만드는 과일케이크를 판매하기 위해, 전통시장의 협회나 상인들과 네트워크를 구축하였습니다. 저는 전통시장의 협회나 상인들과 협력하여 재료구입, 홍보, 이벤트 등을 진행할 수 있습니다.

저의 팀원은 다음과 같은 역량을 보유하고 있습니다.

베이커리 근무경력 저의 팀원은 베이커리에서 3년간 근무하면서, 제품제작, 매장관리, 고객서비스 등의 업무를 수행하였습니다. 또한, 베이커리에서 창업교육과 멘토링을 받았습니다.

온라인 마케팅 전문가 저의 팀원은 온라인 마케팅 전문가로서, 소셜 미디어, 블로그, 유튜브 등을 통해 홍보와 판매를 진행할 수 있습니다. 또한, 온라인 주문 및 배달시스템을 운영할 수 있습니다.

재무관리 전문가 저의 팀원은 재무관리 전문가로서, 매출, 이익, 비용, 예산 등을 관리하고 분석할 수 있습니다. 또한, 자금조달과 세무 관련 사항을 처리할 수 있습니다.

이상으로 저의 사업계획서를 마치겠습니다. 감사합니다.

Bing의 경우 '보다 창의적인 답변' 외에 '보다 균형 있는 답변'과 '보다 정밀한 답변'도 제공한다. 본 장에서는 '보다 균형 있는 답변'에서 나온 내용 중 유용하다고 생각되는 정보 한 부분만 공유한다. "참고로, 이번에 공지된 정부지원사업 중에서는 '기술창업', '청년창업', '지역창업'이라는 세 가지 키워드에 맞춰 다양한 지원사업이 준비되어 있습니다."라는 부분인데, 실제 답변의 하이퍼링크를 통하여 검색한 결과 "2022년, 정부 창업지원

사업 378개 쏟아진다."[08]라는 기사를 확인할 수 있었다. 이 경우는 2022년의 정보이므로 '2023 정부 창업지원 사업'을 검색하여 꼭 확인해 볼 필요가 있다.

'보다 정밀한 답변'에서도 나온 내용 중 유용하다고 생각되는 정보 한 부분만 공유한다. "한국 정부는 전통시장의 활성화를 위해 다양한 지원을 하고 있습니다. 예를 들어, 소상공인시장진흥공단은 39세 이하 청년 자영업자 전용 '몰(mall)'을 설치하는 사업을 진행하고 있습니다. 이 사업은 창업을 하려는 청년들에게 임차료와 권리금 등 비용 부담을 덜어주고, 청년들의 반짝이는 아이디어를 통해 전통시장에 손님을 끌어들이겠다는 취지로 2017년 시작됐습니다."라는 부분이다. 실제 답변의 하이퍼링크를 검색한 결과 "서바이벌로 뽑힌 실력파들 창업… 전통시장에 활기"[09]라는 기사를 확인할 수 있었다. 즉 자영업자 전용 몰이라는 유용한 정보이나 "지난 5년간 1200억 원 가까운 정부·지자체 예산이 들어갔다. 지자체들도 적극적인 홍보에 나섰지만, 성과는 미미해 예산 낭비라는 지적도 적지 않았다. 실제 2017~2020년 4년간 새로 생긴 청년몰 672곳 중 283곳(42.1%)이 폐업한 것으로 조사됐다. 예산을 집행하는 지자체들이 유지·보수를 소홀히 한 데다, 초기 비용 부담이 낮다 보니 일단 창업부터 해놓고 장사가 안되면 접어버리는 일이 적지 않았던 탓이다."라는 기사의 내용처럼 유명무실한 경우도 있으므로 역시 확인이 필요하다.

동일한 질문을 통해 Bard의 경우는 이 질문에 대해서는 구체성이 조금 떨어진 경우라 생략한다. 또한 ChatGPT의 답변은 다음 절에서 자세히 다뤄보겠다.

---

08 https://www.venturesquare.net/846313

09 ttps://www.chosun.com/economy/industry-company/2022/12/20/QXOBYLPXYNDHPGGIQ2ZRYCMZJY

이럴 때 보완하면 더 유용한 BBC

• •

대화형 인공지능 BBC는 첫째, 아이템이나 브랜드명을 추천받거나 고도화할 때, 둘째, 시장조사를 보완할 때, 셋째, 매출계획이 막연해서 자세하게 서술할 수 없을 때, 넷째, 익숙하지 않은 마케팅 계획 특히 O2O 홍보마케팅, SNS 마케팅의 콘텐츠 작성 및 생산계획을 짤 때, 다섯째, 나만의 직종에 맞춤형 샘플이 필요할 때 더욱 유용하다.

앞 절에서 다룬 베이커리 관련 질문을 ChatGPT에게 동일하게 물어봤을 때, 무료 버전인 ChatGPT 3.5는 "사업계획서: 베이커리 Sweet Delights"라는 제목으로 사업계획서를 간략하게 제시하였는데, 특히 "Sweet Delights"라는 브랜드 이름을 제안하였다. 이와 같이 브랜드명을 10가지 제안해봐, 그리고 아이템을 20개 제안하라는 질문은 매우 유용한 도움을 줄 수 있다. 물론 이 이름 중 맘에 들거나, 이를 통해 영감을 받은 브랜드명이 있을 경우에는 브랜드로 사용하기 전에 특허정보검색서비스(http://www.kipris.or.kr/khome/main.jsp)에서 꼭 다시 확인해보는 절차를 거쳐야 한다. 여기에서도 'QC(Question-CrossChecking)'는 필수적 관례이다. 아래는 유료 버전인 ChatGPT 4.0버전의 답변이다.

전통시장 베이커리 창업에 관한 ChatGPT 4.0 답변

한국에는 전통시장이 있어. 이 시장의 활성화를 위해 정부의 지원을 받을 수 있어. 이제부터 35세 여성 창업 예비생으로서 베이커리와 같은 사업아이템 3가지 및 그중 하나의 아이템에 창의적 아이디어로 사업계획서를 작성해줘. 사업계획서는 1. 문제인식 1-1 창업아이템의 개발동기 1-2 창업아이템의 목적(필요성) 2. 실현가능성 2-1 창업아이템의 개발 사업화전략 2-2 창업아이템의 시장분석 및 경쟁력 확보방안 3. 성장전략 3-1 자금소요 및 조달계획 3-2 시장진입 및 성과창출전략 4. 팀구성 4-1 대표자 및 팀원의 보유역량으로 구분하여 작성해줘

창업 아이템 3가지:

전통 한국제과를 현대적인 방식으로 재해석한 베이커리
전통 주류와 함께 즐길 수 있는 한국 전통 간식 전문점

지역별 전통 음식을 활용한 빵과 제과 전문점

아이템 중 하나를 선택하여 창의적 아이디어를 가미한 사업계획서를 작성하겠습니다.

선택한 창업 아이템 전통 한국제과를 현대적인 방식으로 재해석한 베이커리

1. 문제인식

1-1. 창업아이템의 개발동기

전통시장은 전통적인 문화와 음식을 담고 있으나, 젊은 세대 사이에서는 약간의 소외감이 느껴진다. 전통 한국제과를 현대적인 감각으로 재해석하여, 젊은 세대도 쉽게 접근하고 즐길 수 있게 만들고자 함.

1-2. 창업아이템의 목적(필요성)

전통제과의 가치와 맛을 현대적으로 전달함으로써 한국의 미식 문화를 보다 널리 알릴 수 있다. 또한 전통시장의 활성화와 함께 지역 경제를 살릴 수 있을 것이다.

2. 실현가능성

2-1. 창업아이템의 개발 사업화전략

제과 제조에 사용되는 재료는 전통시장에서 직접 구입, 지역 농산물 활용

SNS 마케팅을 통한 젊은 세대 타겟팅

전통제과의 스토리텔링을 통한 브랜딩 활동

2-2. 창업아이템의 시장분석 및 경쟁력 확보방안

주 타겟은 20~40대 여성 및 관광객

경쟁력 확보를 위해 제과의 품질 및 독특한 디자인 강화

체험 프로그램 제공을 통해 차별화

3. 성장전략

3-1. 자금소요 및 조달계획

초기 투자비용 제조장비, 임대료, 초기 재고 구입, 마케팅 및 광고비용

조달계획 개인 자금, 정부지원금 및 소규모 투자자 모집

3-2. 시장진입 및 성과창출전략

첫 달 프로모션 및 할인 이벤트 진행

인플루언서 및 블로거와의 협업을 통한 홍보 활동

주기적인 신제품 출시 및 특별 이벤트 진행

4. 팀구성

4-1. 대표자 및 팀원의 보유역량

대표자 제과제조 전공 및 마케팅 경험 보유

팀원1 디자인 및 브랜딩 전문가

팀원2 판매 및 고객서비스 전문가

이렇게 작성된 사업계획서는 초기 단계의 틀로, 구체적인 데이터 및 연구가 필요합니다.

이 답변을 중심으로 8장에서 언급했던 '꼬꼬무(꼬리에 꼬리를 무는 질문하기)'를 시도해보자. 특히 부족했다고 여겨지는 2-2. 창업아이템의 시장분석 및 경쟁력 확보방안에 대해 추가질문을 통해 제시된 ChatGPT 4.0의 답변을 공유한다.

창업아이템의 시장분석 및 경쟁력 확보방안의 보완질문에 관한 ChatGPT 4.0의 답변

2-2. 창업아이템의 시장분석 및 경쟁력 확보방안에 대해 TAM-SAM-SOM 접근법으로 분석해줘.

2-2. 창업아이템의 시장분석 및 경쟁력 확보방안
전통한국제과를 현대적인 방식으로 재해석한 베이커리에 대한 TAM-SAM-SOM 접근법을 통한 시장분석을 진행하겠습니다.

TAM (Total Available Market) – 전체 가능 시장
TAM은 제품 또는 서비스가 어떤 문제를 해결할 수 있는 전체 고객의 수를 의미합니다.
전국의 모든 과자 및 베이커리를 이용하는 소비자들
전체 한국 인구 중 간식 소비 빈도가 높은 연령대 (20~40세)를 중심으로 한 고객 집단

SAM (Serviceable Available Market) – 서비스 가능 시장
SAM은 실제로 해당 제품이나 서비스를 사용할 수 있는 고객들의 수를 의미합니다.
전국의 전통한국제과에 대한 관심이 있는 소비자들
전통적인 한국 간식을 선호하면서도 현대적인 스타일을 찾는 소비자

SOM (Serviceable Obtainable Market) – 획득 가능 시장
SOM은 단기간 내에 실제로 점유할 수 있는 고객들의 수를 의미합니다.
초기 사업이 진행될 지역 내의 소비자들 (예: 서울 지역)
해당 지역의 전통시장 방문객 및 전통 간식에 대한 관심이 있는 젊은 세대와 관광객

경쟁력 확보방안
제품 차별화 현대적인 디자인과 전통의 맛을 결합하여 제품을 차별화합니다.
품질 관리 지역에서 구입한 신선한 재료를 사용하여 고품질의 제품을 생산합니다.
브랜딩 및 스토리텔링 전통한국제과의 역사와 문화적 의미를 현대적으로 해석하여 스토리텔링과 브랜딩을 강화합니다.
체험 프로그램 고객이 직접 제과를 만들어 볼 수 있는 체험 프로그램을 제공하여 참여와 소통을 통한 고객 유치를 시도합니다.
마케팅 전략 SNS와 인플루언서 마케팅을 통해 젊은 세대에게 제품을 알리고 브랜드 인지도를 높입니다.

이렇게 TAM-SAM-SOM 접근법을 사용하여 시장을 분석하고, 경쟁력 확보방안을 설정하여 사업을 성장시킬 수 있습니다.

표를 읽었다면 아래의 TAM-SAM-SOM 접근법에 대한 설명과 시장에 대한 정확한 규모가 나오지 않았는데, ChatGPT가 2021년 11월까지 학습한 데이터를 사용하기 때문이다. 다만, ChatGPT4.0의 경우 플러그인 프로그램을 통해 최신 정보를 검색한 후 답변을 받을 수 있다. 아래는 빙을 통해 얻은 답변이다.

전통시장 통계 데이터 요청에 대한 ChatGPT 4.0(WebPilot 플러그인) 답변

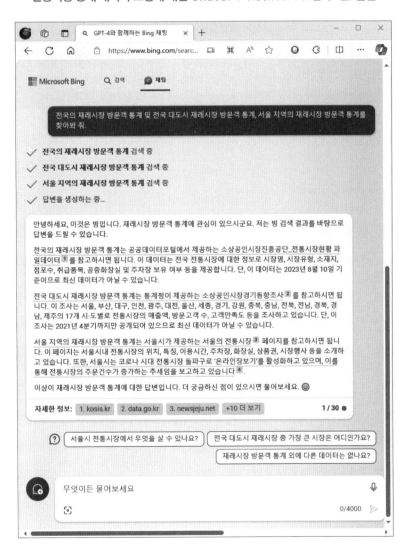

또한 3-1의 자금소요 및 조달계획에 대해서도 미흡함을 느꼈을 것이다. 이에 대한 보완을 위해 다음과 같은 프롬프트로 요청해보자. "3-1 자금소요 및 조달계획을 2억 원이 필요하다는 전제로 약 1억 원의 자기자본을 확보하였다는 점을 중심으로 외부자본의 경우 정부자금을 지원받는다는 전제로 구체적으로 만들어줘."이다. 즉 비용에 대해 세부 정보를 준다면 더욱 자세한 답변을 얻을 수 있다.

자금소요 및 조달계획 보완질문에 관한 ChatGPT 4.0 답변

> 자금소요 및 조달계획을 2억 원이 필요하다는 전제로 약 1억 원의 자기자본을 확보하였다는 점을 중심으로 외부자본의 경우 정부자금을 지원받는다는 전제로 구체적으로 만들어줘.

자금소요 및 조달계획
자금소요 계획:
총 2억 원

장비 및 시설 구축비: 6천만 원
임대료 및 보증금: 5천만 원
초기 재고 구입비: 2천만 원
인건비 (초기 6개월분): 3천만 원
마케팅 및 광고비용: 2천만 원
운영자금 및 예비비: 2천만 원

조달계획:
자기자본: 1억 원
대표자의 개인 자금 및 투자: 1억 원

외부자본: 1억 원
정부 지원자금: 전통시장 활성화 및 중소기업 창업지원 프로그램을 통한 지원금 확보

예상 지원금: 6천만 원 (본 프로그램은 창업자의 사업계획 및 아이템의 경쟁력, 시장의 필요성 등을 평가하여 지원금을 결정)
이자율: 최저 1%의 낮은 이자 (정부지원금의 특징)
상환 조건: 사업 성공 시 일정 기간 후 원금 상환 (이자는 면제)
전통시장 내에서의 협동조합 또는 협력업체로부터의 투자 혹은 대출:

예상 대출 또는 투자금: 4천만 원

이자율: 협의 후 결정 (시장 내 협력업체와의 협상을 통해)

상환 조건: 상환 기간 및 이자율 등을 협의하여 결정

외부자본 확보 전략:

정부 지원 프로그램 참여: 해당 지원 프로그램에 참여하기 위해 필요한 서류 및 계획서를 작성하고 제출. 국가 및 지방자치단체의 창업지원 프로그램을 활용하여 지원금 확보.

시장 내 협력: 전통시장의 다른 판매자나 협동조합과 협력하여 자금을 확보. 또한, 시장의 활성화와 상생을 위한 협력 계획을 세워 함께 성장할 수 있는 전략 구축.

이렇게 2억 원의 자금소요를 위해 1억 원의 자기자본과 1억 원의 외부자본을 조달하는 계획을 세울 수 있습니다.

이제 매출계획을 좀 더 자세하게 요청해보자. 이때의 프롬프트는 "3년간의 매출계획을 구체적으로 작성해줘."이다. 이 프롬프트에는 3년이라는 기간과 구체적이라는 단어가 추가되었다.

매출계획 보완질문에 관한 ChatGPT 4.0 답변

3년간의 매출계획을 구체적으로 작성해줘.

3년간의 매출계획

전제조건:

베이커리 오픈 후 초기 3개월은 매출 안정화 기간으로 가정.

홍보 및 마케팅 활동을 통한 고객 유입 증가.

연평균 인플레이션율 2%로 가정.

연간 특별한 행사나 이벤트 없음.

매출계획이 어느 정도 작성이 되었다면, 재무제표를 작성해 달라고 요청할 수 있다. 다음과 같은 프롬프트로 요청해보자. "위의 매출계획을 중심으로 비용까지 포함한 재무제표를 작성해줘." 여기에는 2가지의 전제가 들어있다. ChatGPT가 한 대화창에서는 같은 주제의 내용으로 나누기에 '위의 매출계획이라는 말과 비용까지 포함한 재무제표'라는 말이 추가되어 있다. 물론 공식적인 재무제표는 아니므로 꼭 수정해야 할 것이다. 여기서 ChatGPT 4.0이 발전된 모습을 볼 수 있는데, 바로 표가 가능하다는 점이다.

매출계획 보완질문에 관한 ChatGPT 4.0 답변

위의 매출계획을 중심으로 비용까지 포함한 재무제표를 작성해줘.

재무제표를 작성하겠습니다. 비용은 크게 고정비용과 변동비용으로 나누며, 아래는 가상의 예시로 작성된 재무제표입니다.

고정비용 예시:

월 임대료: 500만 원

직원급여 (3명 기준): 2,000만 원

유틸리티비 (전기, 물, 가스 등): 300만 원

마케팅 및 광고비: 500만 원

변동비용 예시:

원재료비: 월평균 매출의 40%

판매수수료나 제휴비용: 월평균 매출의 5%

1년 차 재무제표 (단위: 만원):

항목　1년 차

매출　34,400

비용

고정비용　39,600 (월 3,300 x 12)

변동비용　15,480 (월평균 매출의 45%)

총비용　55,080

순이익　−20,680

2년 차 재무제표 (단위: 만원):

항목　2년 차

매출　44,100

비용

고정비용　42,960 (월 3,580 x 12, 인플레이션 2% 적용)

변동비용　19,845 (월평균 매출의 45%)

총비용　62,805

순이익　−18,705

3년 차 재무제표 (단위: 만원):

항목　3년 차

매출　47,184

비용

고정비용　43,819 (월 3,652 x 12, 인플레이션 2% 적용)

변동비용　21,233 (월평균 매출의 45%)

총비용　65,052

순이익　−17,868

이는 가상의 예시로, 실제 비용 및 매출은 다양한 요인에 따라 크게 변동될 수 있습니다. 원재료비, 인건비, 임대료 등 실제 비용을 확인하여 재무제표를 작성하는 것이 중요합니다.

이제 SNS 마케팅 계획을 보완해보자. 1년간의 계획을 요청하였다. 답변은 분기별로 제시되었으며, 전문가가 제시할 수 있는 항목들도 눈에 띄게 나타나 있다.

홍보마케팅 보완에 관한 ChatGPT 4.0 답변

홍보마케팅에 대해 O2O 마케팅과 SNS 마케팅을 중심으로 1년간의 계획을 작성해줘.

홍보마케팅 계획: O2O 마케팅 & SNS 마케팅 중심 (1년간)

1. O2O (Online to Offline) 마케팅:

1~3개월:
홍보 페이지 제작: 전통한국제과에 대한 정보와 사업에 대한 소개, 할인쿠폰 및 체험 이벤트 정보 제공을 위한 웹 페이지나 앱 제작
QR 코드 활용: 전통시장 내에 QR 코드를 배치하여 스마트폰으로 스캔 시 온라인 홍보 페이지로 연결
할인 이벤트: 온라인에서 제공되는 쿠폰을 오프라인 매장에서 사용 가능하도록 함

4~6개월:
체험 이벤트: 온라인 예약을 통해 제과 제작 체험 클래스를 오프라인에서 개최
고객 리뷰 활용: 오프라인 매장 방문 후 온라인에서의 리뷰 작성을 통해 다음 구매 시 할인 혜택 제공

7~9개월:
피드백 캠페인: 온라인 피드백을 통해 제품이나 서비스 개선 후, 오프라인에서 새롭게 개선된 제품/서비스 홍보
Loyalty 프로그램 출시: 온라인과 오프라인에서의 구매를 동시에 할 경우 포인트 적립

10~12개월:
팝업 스토어 운영: 다양한 지역에서의 오프라인 팝업 스토어를 통한 브랜드 인지도 향상
연말 이벤트: 연말을 맞이하여 온라인 예약을 통한 특별 할인 이벤트 진행

2. SNS 마케팅:

1~3개월:
계정 설정: Instagram, Facebook, Twitter 등 주요 SNS 플랫폼에 계정 설정 및 제품 소개
콘텐츠 업로드: 제품 사진, 과정, 이벤트 정보 등 정기적인 업로드

4~6개월:

인플루언서 활용: 제품 및 서비스 홍보를 위한 인플루언서 마케팅 진행

인터랙티브 캠페인: 팔로워들과의 상호작용을 통한 캠페인 (예: 사진 공유 이벤트)

7~9개월:

고객 후기 공유: 실제 고객의 리뷰와 사진을 SNS에 공유하여 신뢰도 향상

광고 활용: 타겟 기반의 SNS 광고 진행

10~12개월:

영상 콘텐츠 제작: 제품 제작 과정, 체험 클래스, 이벤트 정보 등을 담은 영상 콘텐츠 제작 및 업로드

연말 특별 프로모션: 연말을 맞이한 특별 이벤트나 할인 정보를 SNS를 통해 홍보

이와 같이 1년간의 O2O 마케팅과 SNS 마케팅 계획을 세울 수 있습니다. 계획은 시장의 변화, 고객의 반응, 실제 사업의 진행 상황 등에 따라 유동적으로 조정될 수 있습니다.

콘텐츠는 어떻게 해야 할지 막연하기에 이에 대한 계획도 요청해보자. 대용량 언어모델이기에 가장 활용하기 쉽다. 즉, 본인만의 내용을 충분히 고민하고 작성한 후에 보완할 수 있는 도구로 활용한다면 매우 유용할 것이다.

SNS 마케팅 보완에 관한 ChatGPT 4.0 답변

SNS 마케팅에 활용할 콘텐츠를 현재의 사업과 관련하여 블로그 등의 콘텐츠 생산 계획까지 만들어줘.

SNS 마케팅 콘텐츠 계획: 베이커리 활성화

1. 제품 소개 콘텐츠
각 제품에 대한 상세한 소개와 재료, 제조 과정에 대한 설명.
고객의 리뷰나 피드백을 함께 게재하여 신뢰도 향상.

2. "Behind the Scenes" 콘텐츠
베이커리에서의 일상적인 모습, 직원들의 일하는 모습 등을 포착하여 브랜드의 인간적인 면을 보여줌.

3. 시즌별/테마별 제품 런칭 정보
계절별로 특별히 개발된 제품이나 한정판 제품에 대한 소개.

4. 이벤트 및 프로모션 정보
할인 정보, 이벤트, 경품 등의 프로모션 활동 정보 공유.

5. 역사나 이야기를 담은 콘텐츠
베이커리의 창업 배경, 제품 개발 과정, 회사의 비전과 철학 등을 소개.

6. 레시피 공유
단순히 제품을 팔기 위한 것이 아니라, 고객과의 소통을 위한 레시피 공유.

7. 고객 참여 콘텐츠
고객이 직접 제품의 리뷰나 사진, 동영상을 업로드 할 수 있는 콘텐츠. 이를 통해 고객 참여도 향상.

블로그 콘텐츠 생산 계획:

1. 주 1회 제품 리뷰 및 제조 과정 포스팅
신제품 런칭 시에는 그 제품의 제조 과정, 사용된 재료, 그리고 특징 등을 상세히 포스팅.

2. 월 1회 회사 소식 및 이벤트 소개
그달의 활동, 이벤트, 프로모션 등의 소식을 알림.

3. 월 2회 고객의 이야기
고객의 제품 리뷰, 베이커리 방문 후기, 사진 등을 소개. 고객의 참여를 유도.

4. 계절별 특별 콘텐츠
계절에 맞는 제품 추천, 제품 활용 레시피, 베이커리에서의 계절별 이벤트 소개 등.

5. 월 1회 직원 인터뷰
직원의 일상, 베이커리에서의 경험, 고객들에게 전하고 싶은 메시지 등을 소개하여 브랜드의 인간적인 면을 보여줌.

이러한 콘텐츠 계획을 통해 SNS와 블로그를 활용하여 브랜드 인지도를 높이고, 고객 참여와 로열티를 강화할 수 있습니다.

마무리하며

● ●

　이번 장에서 그동안 학습했던 대화형 인공지능 BBC에 대한 사업계획서 작성을 실제 적용하기 위해 정부공식 사업계획서의 구조를 먼저 살펴보고 이 틀에 맞추어 베이커리

사례를 통해 살펴보았다. 또한 대화형 인공지능 BBC를 유용하게 활용할 수 있는 시장분석 및 경쟁력 확보방안, 자금소요 및 조달계획, 매출계획 및 재무제표 등을 베이커리 사례에 맞추어 작성하여 보았다. 대화형 인공지능을 통한 사업계획서는 실제 충분한 고민 후에 직접 작성한 후 보완 도구로 사용한다면 매우 유용하게 활용할 수 있다는 것을 알 수 있었다. 물론 정확성을 위해 QC라는 질문하고 확인하는 작업을 꼭 거쳐야 한다는 것을 명심하자.

대화형 인공지능을 활용한
정부지원 사업계획서 작성법

초판 1쇄 발행 2023년 1월 10일

지은이   김상미, 정원훈

펴낸이   이진수
펴낸곳   엘프린트

주소   서울특별시 용산구 청파로49길 37-3, 1층 24호
전화   02-6949-2633
출판등록   제2022-000081호
홈페이지   https://lprint.kr
ISBN   979-11-981032-2-2 (03320)